아랍어 통번역

| 입문편 |

الترجمة

العربية الكورية

아랍어 통번역

입문편

이인섭 · 공지현 · 곽순례 · 김능우 · 김재희 · 이명원 · 장세원

HU:iNE

이 저서는 한국외국어대학교 지식출판원의 연구도서개발지원사업의 지원을 받은 것임.

머리말

최근 우리나라뿐 아니라 전 세계가 아랍과 이슬람 세계에 주목하고 있다. 우리나라에서 타 문화권에 비해서 관심이 적었던 아랍 세계와 이슬람이 주목을 받기 시작한 것은 9·11 사태 이후였고, 최근에는 이슬람 극단주의 테러리스트들이 등장하면서 관심이 더 커졌다. 비록 호의적인 동기는 아니지만 아랍 문화와 이슬람에 관한 관심이 늘어난 것은 긍정적으로 보여지며, 아랍어를 사용하는 무슬림의 인구가 전 세계 인구의 23%를 넘는 점을 감안할 때 우리나라에서 그동안 아랍 문화와 아랍어에 대해서 소홀했던 것은 과장이 아닐 것이다.

과거의 경제, 건설, 석유 분야에 한정되어 있던 한-아랍 간의 교류는 문화, 교육, 의료, 관광, 환경, 과학, 군사 등 여러 분야로 확대되고 있으며, 최근에는 한류 열풍 덕분에 엔터테인먼트 문화에 폐쇄적인 아랍 세계에서도 한국에 대한 관심이 점증하고 있다. 이러한 배경에 힘입어 국내에서 아랍어를 학습하는 사람이 늘어나는 추세이며, 아랍어 통·번역에 대한 관심도 날로 커지고 있다.

우리나라에서 아랍어가 대학교에서 교육된 지 반 세기가 지났고, 중·고등학교 교과목으로 채택된 지 10년이 넘었다. 그리고 최근 아랍어에 대한 관심이 급증하면서 다양한 기관에서 아랍어를 교육하고 있어 이제는 아랍어가 더 이상 낯설게 여겨지지 않는다. 그동안 국내에서 다양한 아랍어 교재가 개발되었다. 중·고등학교 교재를 비롯한 초급 교재가 비교적 많이 개발되어 있고, 일부 교육 기관에서는 아랍 세계에서 개발된 고급 수준의 교재를 사용하고 있어 필요가 충족되는 편이다. 또한 국내

통·번역 학습자들은 고급 수준의 학습자료를 아랍어 원서나 인터넷 자료에서 찾아 사용하고 있으므로 학습 자료가 충족된다고 할 수 있다. 그러나 초급 단계와 고급 단계를 잇는 중간 단계 교재는 많지 않다.

물론 국내 학습자에게 초급과 고급을 잇는 교재, 특히 통·번역 교재가 일부 개발된 적이 있으나, 여전히 부족한 상황이며 통·번역 학습은 시사적인 문제에 대한 연습이 필요하기 때문에 지속적으로 교재 개발이 필요하다. 이에 한국외국어대학교 통번역대학원 한아과 교·강사들이 교육현장에서 강조하던 내용을 중심으로 중급 수준의 아랍어 교재를 개발하기에 이르렀다. 이 교재는 아랍어 표현과 문법을 익히며, 기본적인 통·번역 능력도 함양할 수 있도록 개발되었다.

본 교재는 주로 언론 매체의 기사와 연설문, 보고서 등 통·번역 현장에서 사용될 수 있는 내용을 활용하여 학습자의 학습 흥미를 유발시키고 텍스트에 나타나는 어휘의 상세하고도 정확한 설명 및 비교 분석을 제공하여 학습자들의 어휘 능력을 배양하도록 하였다. 또한 각 단원에 중요 문법 사항을 제시하여 문법 및 구문 이해 함양에도 주안점을 두었다. 뿐만 아니라 듣기 능력 향상을 위해 교재를 활용할 수 있도록 원어민이 직접 녹음한 MP3음원을 첨부하였다.

또한 정치, 경제, 증시, FTA, 자원 & 유가, 환경, 정보 & 통신, 노동, 인권, 한국소개, 기관소개, 연설문 등 12개 분야로 구성되어 있다. 모쪼록 중급 수준의 아랍어 학습자들이 본 교재를 활용하여 중급 아랍어 수준을 뛰어넘어 고급 아랍어 수준으로 도약하는데 도움이 되기를 기대한다. 더불어 본 교재가 통·번역 학습의 토대를 마련하여 원어민과 보다 원활한 의사소통 능력을 향상시키는데 기여하고, 나아가 전문적인 통·번역사가 되기 위한 첫걸음이 되기를 바란다.

이 교재를 개발하도록 지원해준 한국외국어대학교 지식출판원, 교재를 녹음해 준 무함마드 아흐마드 교수, 통번역대학원 한아과 35기 사마르 양, 그리고 어휘 정리와 오류를 찾아 준 통번역대학원 한아과 고은경, 상선주, 손정은, 안소연, 양희정, 우승희, 이상민, 이지연, 조정민, 지은영, 최빛나라, 안희연 졸업생들에게 감사의 인사를 전한다.

끝으로 국내에서 아랍어 통번역사가 배출된 지 30년이 넘었지만 통번역 교재가 다양하지 않아서 늘 아쉬웠다. 우리에게 늘 숙제와 같이 남아있던 작업을 기사와 연설문을 담아 공동으로 집필하면서 한계를 느끼기도 했고, 통일 작업이 얼마나 어려운 작업인지를 새삼 느끼게 되었다. 여러 차례 교정과 감수를 했음에도 불구하고 아직도 미진한 부분이 있지만, 통번역을 공부하는 학습자들에게 조금이라도 도움이 될 수 있을 것이라는 기대로 이 책을 낸다.

2016년 8월

저자

목차

정치

1

الأسد وأردوغان يبحثان أوضاع المنطقة باتّصال هاتفي

ذكرت وكالة الأنباء السورية الرسمية أنّ الرئيس السوري بشّار الأسد تلقّى اليوم الأربعاء اتّصالًا هاتفيًا من رئيس الوزراء التركي رَجَب طَيِّب أردوغان الذي تقوم بلاده بوساطة بين سوريا وإسرائيل لاستِئناف مفاوضات السلام. وقالت الوكالة إنّ الأسد وأردوغان تناولا خلال الاتّصال الأوضاع العراقية والسلام في الشرق الأوسط.

وكان أردوغان والأسد قد ذكرا في تصريحات أواخر الشهر الماضي أنّ تركيا تتوسّط بشأن إمكانية استئناف مفاوضات السلام، غيرَ أنّ إسرائيل لم تعلّق على ذلك آنذاك.

ومن جهة أخرى أعلن مارك ريغيف المتحدِّث باسم رئيس الوزراء الإسرائيلي إيهود أولمرت أمس أنّ "عملا تمهيديا" تمّ إنجازه بهدف استئناف مفاوضات السلام بين إسرائيل وسوريا.

س ١) من تحدّث عن الدور الذي يُتَوَقَّع أن تلعبه تركيا بشأن العلاقة بين سوريا وإسرائيل؟

س ٢) ما الموضوع الذي دار حوله الحديث خلال الاتّصال بين الرئيس السوري ورئيس الوزراء التركي؟

어휘와 표현 연구

يَبْحَثُ	논의하다; 연구하다; 찾다(عن)
وَضْع (ج أَوْضاع)	상황, 상태; 위치
وِكالةُ الأَنْباءِ السوريةُ الرسْميَّةُ	시리아 관영 통신사
تَلَقَّى اتِّصالًا هاتِفيًّا من...	…로부터 전화연락을 받았다
رَئيسُ الوُزَراءِ التُّرْكِيُّ	터키 총리
يَقومُ بِوساطة بَيْنَ... و...	…와 …간의 중재를 맡다, …사이를 중재하다
اسْتِئْناف	재개, 다시 시작함
مُفاوَضة	협상
تَناوَلَ	(주제, 내용 등을) 다루었다; 식사했다
تَصْريح (ج ـات)	성명, 진술, 선언
أَواخِرَ الشهْرِ الماضِي	지난달 말에 (أَواخر 〈-〉 أَوائل)
يَتَوَسَّطُ	중재하다, 조정하다
بِشأْنِ...	~에 관해서, ~에 관한
إِمْكانيّة	가능성
غَيْرَ أَنَّ...	그러나, 하지만 (= إلاّ أنّ...)
يُعَلِّقُ على...	…에 대해 논평하다, 코멘트하다
آنَذاكَ	그 당시에, 그때에
مُتَحدِّث بِاسْمِ...	…의 대변인
تَمْهيدي	준비의, 예비의(어떤 일에 본격적으로 착수하기 전 필요한 것들을 준비하는)
تَمَّ	완결되었다, 이루어졌다
إِنْجاز (ج ـات)	성취, 달성
بِهَدَفِ...	…을 목표로

보충심화학습

아랍인의 이름

아랍인의 이름에는 단어의 본래 의미뿐 아니라, 태어난 시기나 집안 어른에 대한 존경심이 포함되어 있기도 하다. 예를 들어 태어난 달이 رَمضان이나 شعبان, 또는 ربيع الأول이나 ربيع الثاني이면 그 달의 이름으로 작명하여 رمضان, شعبان, ربيع라고 부른다. 태어난 날이 금요일이면 جمعة로, 목요일이면 خميس라고 작명하는 경우도 있다. 아버지가 할아버지를 존경하는 마음으로 손자의 이름을 할아버지와 같게 짓기도 하는데, 그런 이유 때문에 아랍인의 이름은 한 사람 건너 같은 이름이 반복되는 경우도 있다. 아랍인의 이름을 보면 그 사람의 집안 가업을 알 수 있는 경우도 있다.

التامر : 대추야자 집	الحدّاد : 대장장이	الخيّاط : 바느질장이
الزجّاج : 유리 세공인	السرّاج : 말 안장 장인	العطّار : 향료상
الصبّاغ : 염색공	النجّار : 목공	النحّاس : 놋 그릇 세공

아랍인의 이름 구성의 예

أَبُو الْحَسَنِ	سَيْفُ الدَّوْلَةِ	عَلِيُّ	بْنُ	عَبْدِ اللهِ	بْنِ	حَمْدانِ	التَّغْلِبِيُّ	الرَّبْعِيُّ	الْحَمْدانِيُّ
①	②	③		④		⑤	⑥	⑦	⑧

① 아불 하산(الكنية), ② 사이프 알다울라티(اللقب), ③ 알리(이름), ④ 압둘라(부친), ⑤ 함단(조부), ⑥ 타글리비 집안(البطن), ⑦ 라비아 가문(العشيرة), ⑧ 함단 족(القبيلة)

وقال ريغيف أمسِ "لا نريد فقط البدء في عملية تفاوض بل أنْ نفتح حوارًا سياسيًا وقد تمّ إنجاز عمل تمهيدي" دونَ المزيد من التفاصيل.

وردًا على سؤال عمّا يقصده بـ"عمل تمهيدي"، أَجاب ريغيف "إذا حقّقنا نجاحًا في عملية السلام في الشرق الأوسط، حصل هذا الأمر إلا أنّه لم يُكْشَفْ كلٌّ شيءٍ على الصفحات للصحف".

وتابع "السوريون يعلمون جيّدا ما ننتظره من عملية مماثلة، والأمرُ نفسه ينطبق علينا، لا أعلَم إذا كان يمكن إحراز تقدُّم لكنّني آمُل ذلك".

وأكّد وزير الدفاع الإسرائيلي إيهود باراك أنّ إسرائيل تُجْرِي اتّصالات سرّية مع سوريا بهدف استئناف مفاوضات السلام المتوقِّفة بينهما منذ عام ٢٠٠٠.

س ٣) ما إجابة المتحدِّث الإسرائيلي ريغيف على سؤال عن عبارة "عمل تمهيدي"؟

س ٤) ما الهدف من إجراء اتِّصالات سرِّية بين إسرائيل وسوريا؟

어휘와 표현 연구

عَمَلِيَّةُ تَفاوُضٍ	협상 과정
تَفاوَضَ	(양측이) 서로 협상하였다 ㉾ مُفاوَضَات 는 다자간의 협상도 포함
부정어 ...فَقَطْ، بَلْ ~	…뿐만 아니라 ~도 역시
يَفْتَحُ حِوارًا سِياسيًّا	정치적 대화를 갖다, 정치적 대화를 개시하다 ㉾ فَتَحَ는 본디 문, 책 등을 '열다'의 의미지만 대화, 협상, 사상 등 추상적인 것을 연다는 의미도 갖는다.
دُونَ المَزِيدِ من التفاصيل	더 이상의 세부사항에 대한 언급 없이
تَفْصيل (ج تَفاصيلُ)	세부사항, 자세한 내용
رَدًّا على سُؤَالٍ عن...، أَجابَ ~	…에 관한 질문에 대해 ~라고 답하였다
رَدَّ على...	…에 반응을 보였다, 응답하였다
حَقَّقَ نَجاحًا في...	…에서 성공하였다, 성공을 거두었다
حَصَلَ	(u) (일, 사건이) 일어났다, 발생하였다
لم يُكْشَفْ	…이 밝혀지지 않았다
على الصَفَحاتِ لِلصُحُفِ	신문지면상에
صَحيفة (ج صُحُف)	신문
تابَعَ	계속했다, 이어서 말했다
مُماثِل (لِـ...)	(…와) 비슷한, 같은
الأَمْرُ نَفْسُهُ	같은 일, 동일 건 ㉾ نفس가 한정명사 뒤에 위치하여 '같은'의 의미를 가질 때, نفس에 뒤따르는 연계형 대명사(ه/ها)의 성, 수는 명사와 일치한다.
يَنْطَبِقُ على...	…에 적용되다
لا يَعْلَمُ إذا كانَ... (أَمْ لا)	…인지 (아닌지) 모른다
أَحْرَزَ	이루었다, 달성하였다, 획득(쟁취)하였다
أَحْرَزَ تَقَدُّمًا	성과를 거두었다, 진전을 이루었다 (=حَقَّقَ تقدّما)
وَزيرُ الدِفاع	국방장관
يُجرِي	진행하다, 실행하다
يُجْري اتِّصالاتٍ سِرِّيَّةً	비밀리에 접촉을 하다
مُتَوَقِّف	중지된, 정지된

보충심화학습

فَعْلَةٌ의 복수형

فَعْلَةٌ형 단어의 복수형은 항상 모음조화가 일어나 فَعَلاتٌ 형태가 된다. 한편 فُعْلَةٌ형의 복수형은 فُعُلاتٌ, فُعْلاتٌ이고, فِعْلَةٌ형의 복수형은 فِعَلاتٌ, فِعِلاتٌ, فِعْلاتٌ이다.

① جَلْسة (ج جَلَساتٌ)　　دَعْوة (ج دَعَوات)　　هَمْسة (ج هَمَسات)

② حُجْرة (ج حُجْرات، حُجُرات)　　خُطْوة (ج خُطْوات، خُطُوات)

③ خِدْمة (ج خِدْمات، خِدِمات، خِدَمات)　　رِشْوة (ج رِشْوات، رِشِوات، رِشَوات)

이런 형태라도 형용사(예: سَهْلَةٌ), 이중자음(예: مَرّة), 둘째어근이 약자음인 경우(예: ناقة, دولة)는 변화가 일어나지 않는다. 또 이러한 형태의 단어 중 셋째 어근이 약자음이라서 약자음 대신 التاء المربوطة(타마르부타)가 사용된 단어는 복수형이 될 때 원래 어근형태가 되돌아온다.

예: سَنَةٌ (ج سَنَوات)

2

أولمرت ينفِي تلقِّيه رشى ويتحدّث عن تبرّعات

اعترف رئيس الوزراء الإسرائيلي مساء الخميس بقَبول تبرُّعات لحملات انتخابية من رجل الأعمال الأمريكي موريس تالانسكي، لكنّه نفى أنها كانت رشوة. كما أعلن إيهود أولمرت في بيان للصحفيين أنه سوف يستقيل من منصبه إذا وُجِّهَ إليه اتّهام رسمي.

وعبّر عن اعتقاده بأنّ الأزمة بشأن تحقيق الشرطة في القضية سوف تنتهي قريبا. وأضاف "لم أتلقَّ رَشَاوَى لم آخذ أيّ مبالغ" مشدِّدا على أنّ هذه الأموال لم تكن "غيرَ مشروعة". وكانت وزارة العدل قد قالت في بيان مساء الخميس إن "رئيس الوزراء مُشْتَبَه به في قضية فساد".

وقال البيان إن أولمرت تلقَّى من تالانسكي "مبالغَ كبيرةً" من المال "غيرَ معروفة" على فتَرات متباعدة أثناء تولِّيه منصبَ وزير الصناعة والتجارة.

س ١) ما الفرق بين التبرُّعات السياسية والرشوة؟

س ٢) على ضوء هذا النصِّ، متى تلقّى رئيس الوزراء الإسرائيلي الأموال؟

어휘와 표현 연구

يَنْفي	부정하다, 부인하다
تَلَقَّى	받았다, 얻었다
رَشْوة، رِشْوَة (ج رِشًى، رَشَاوَى، رِشِوَات)	뇌물
تَبَرُّع (ج ـات)	희사, 기부, 기증; (복수) 기부금
اعْتَرَفَ بِـ...	…을 인정하였다, 시인하였다
حَمْلة انْتِخابيّة	선거운동
رَجُلُ أَعْمال	사업가; 경제인; 기업인
بَيان (ج ـات)	성명, 성명서, 담화문
يَسْتَقيلُ من...	…로 부터 사임(사퇴)하다
وُجِّهَ إِلَيْهِ اتِّهامٌ	그가 혐의를 받았다
وَجَّهَ اتِّهامًا إلى...	…에게 혐의를 두었다
عَبَّرَ عن...	…을 표명하였다, 밝혔다
أَزْمة (ج أَزَمات)	위기, 사태
تَحْقيق في...	…에 관한 조사, 수사
قَضيّة (ج قَضايا)	사건, 문제; 소송
مَبْلَغ (ج مَبالِغُ)	액수, 금액; 양
شَدَّدَ على...	…을 강조하였다
مَشْروع	합법적인
وِزارةُ العَدْلِ	법무부
مُشْتَبَه بِهِ	용의자, 혐의자
فَساد	부패
مَنْصِب (ج مَناصِبُ)	직위, 직책
تَوَلَّى	(직위를) 맡았다, 담당하였다

보충심화학습

전치사를 동반하는 자동사의 수동태, 수동분사형태

전치사를 동반하여 목적어를 취하는 동사의 수동태나 수동분사형은 다음과 같다.

هذا كلامٌ لا نبالغُ فيه.	이것은 우리가 과장하는 말이 아니다.	동사 능동태
← لا يُبَالَغُ فِيه.	→ 과장된 말이 아니다.	동사 수동태
← غير مبالَغٍ فيه.	→ 과장된 말이 아니다.	수동분사
الأمثلة التي نشير إليها	우리가 지적하는 예들	동사 능동태
← التي يُشارُ إليها	→ 지적되는 예들	동사 수동태
← المشار إليها	→ 지적된 예들	수동분사
سمعنا طالبةً نَثِقُ بها.	우리는 우리가 믿는 한 여학생의 말을 들었다.	동사 능동태
← يُوثَقُ بها.	→ 믿을 만한 한 여학생...	동사 수동태
← موثوقًا بها.	→ 믿을 만한 한 여학생...	수동분사
سمعنا الناسَ الذين نثقُ بهم.	우리는 우리가 믿는 사람들의 말을 들었다.	동사 능동태
← الذين يُوثَقُ بهم.	→ 믿을 만한 사람들의...	동사 수동태
← الموثوق بهم.	→ 믿을 만한 사람들의...	수동분사

※ 다양한 용례는 182쪽 참조

وطبقا لبيان وزارة العدل فإنّ التحقيق مع أولمرت يرتبط باستجوابات خضعت لها مؤخَّرا مديرة مكتبه شولا زاكن فضلا عن المحامي أوري ميسير القريب منه. يُذكَر أن زاكن مُتَّهَمة باستخدام علاقاتها من أجل تعيين عدد من كبار الموظّفين بالأجهزة المالية للحصول على خفضٍ ضريبي للمقرَّبين.

وبناءً على طلب المدّعي العامّ مناحيم مزوز استجوبت الشرطة أولمرت يوم الجمعة الماضي في منزله بالقدس.

ويُشار أيضا إلى أنّ أولمرت يواجه في نفس الوقت ثلاثة تحقيقات تُجرِيها الشرطة في قضايا فساد أخرى.

س ٣) اذكر أولئك الذين يُشَكّ في تورُّطهم في قضية الفساد من مقرَّبي أولمرت.

س ٤) في أي أمر تُشْتبَه شولا زاكن مديرة مكتب رئيس الوزراء الإسرائيلي؟

어휘와 표현 연구

طِبْقًا لِـ...	…에 따르면, …에 의거하여
يَرْتَبِطُ بـ...	…와 연관되다, 관련 있다
اسْتِجْواب (ج ـات)	심문
خَضَعَ لـ...	(a)…에 복종(순종)하였다, …을 따랐다
مُؤَخَّرًا	최근에
مُدير (ج مُدَرَاءُ)	관리자, 소장
فَضْلاً عن...	…은 물론이고, …외에도
مُحامٍ (ج مُحامُون)	변호사
قَريب مِن... (ج أَقْرِباءُ)	…와 가까운 사람; …의 친척
مُتَّهَم بـ...	…혐의자, 용의자
تَعْيين	임명
كِبارُ المُوَظَّفين	고위 직원들; 고위 공직자들
الأَجْهِزة الماليّة	금융기관 참 جِهاز (ج أجهزة) 원래는 '기계, 장치, 도구'라는 뜻이나, '기관, 기구' 의 의미도 갖는다.
حُصول على...	…을 얻음, 획득
خَفْض ضَريبِيّ	세금 감면
خَفَضَ	(i) 줄였다, 낮추었다
ضَريبة (ج ضَرائِبُ)	세금
مُقَرَّب	가까운 사람; 측근
بِناءً على...	…에 의거하여, …에 따라, …을 기초로 하여
المُدَّعِي العامّ	검사
يُشارُ إلى أنّ...	…는 지적할 만 하다, …라는 점이 지적된다
يُواجِهُ	맞닥뜨리다, 직면하다

보충심화학습

~에 따라, ~에 의거하여

عَمِلَ طِبْقًا للقواعد.

← بالقواعد

← بحسَب القواعد (بِحَسَبِ = حَسَبَ، عَلى حَسَبِ)

← بِمُوْجِبِ القواعد

← وفقا للقواعد (وَفْقًا لِـ = وَفْقَ)

• قام موظف الشركة بهذا العمل وَفْقًا لتعليمات المدير.

• صار فلانٌ رئيسا تَبَعًا لِما نصّ عليه الدستور الكوريّ.

• تحتفل الحكومة الكورية - جَرْيًا على عادتها – بذكرى تأسيس الدولة في ٣ أكتوبر.

• تهدف هذه الرسالة إلى تطوير السياسة النقدية في النظام المصرفي اليمني بما يتّفق مع الشريعة الإسلاميّة.

• صحافيّ مغربي حُوكم بِمُقْتَضَى قانون الإرهاب يبدأ إضرابا عن الطعام.

• بناءً على ما جاء في قرار مجلس الأمن تقرّر وقف إطلاق النار.

• فقدت الحكومة الحالية في السودان شرعيتها بِمُوجِبِ الدستور الانتقاليّ.

3

واشنطن تتسلّم وثائق عن برنامج بيونغ يانغ النووي

يَختتِم سونغ كيم مديرُ الشؤون الكورية بوزارة الخارجية الأمريكية زيارة لبيونغ يانغ بعد أنْ تَسلَّم وثائق عن برنامجها النووي في إطار جهود تتعلّق بحلّ مشكلة تأخُّر إعلان ذلك البلد عن تفاصيل أنشطته النووية.

وقال المتحدّث باسم وزارة الخارجية شون ماكورماك إنّ سونغ الذي ترأّس وفدا بكوريا الشمالية، سيغادر بيونغ يانغ اليوم الجمعة.

وأضاف أنّه سيحمل معه عددا كبيرا من الوثائق المتعلّقة بالبرنامج الكوري حول البلوتونيوم، موضّحا أنّه سيقيّم أهمّية هذه الوثائق خلال الأسابيع المقبلة.

من جهة ثانية ذكر مسؤول أمريكي بارز أنّ الوثائق تُعَدّ خطوة أخرى نحو هدف الحصول على بيان كامل بنشاطات كوريا الشمالية النووية تأخَّر عن موعده الذي كان نهاية العام الماضي.

س ١) ما النتيجة العملية لزيارة سونغ كيم مدير الشؤون الكورية لبيونغ يانغ؟

س ٢) ما أهمّية تسلّم واشنطن للوثائق، في رأي المسؤول الأمريكي؟

어휘와 표현 연구

يَتَسَلَّمُ	받다, 전해[건네] 받다
وَثيقة (ج وَثائِقُ)	문서, 서류
بَرْنامَج (ج بَرامِجُ)	프로그램, 계획
نَوَوِيّ	핵의
سونغ كيم مديرُ الشؤونِ الكوريَّةِ بوزارةِ الخارجيّةِ الأمريكيَّةِ	김성 미 국무부 한국과장
يَخْتَتِمُ	마치다, 끝내다
وِزارةُ الخارِجيّةِ	외무부, 외교부; 국무부(미국의 경우)
في إطارِ...	…틀 속에서, …측면에서
جَهْد (ج جُهود)	노력
يَتَعَلَّقُ بـ...	…와 관련되다
حَلّ (ج حُلول)	해결; 해결책
نَشاط (ج أَنْشِطة، نَشاطات)	활동
تَرَأَّسَ	이끌었다, (...의) 대표직을 맡았다
وَفْد (ج وُفود، أَوْفاد)	파견단, 대표단
يُغادِرُ	떠나다
البلوتونيوم	플루토늄
مُوَضِّحًا أنّ...	…라고 밝히면서 ㉿ 앞에 위치한 동사의 동작을 부가적으로 설명하는 حال 구문이다.
يُقَيِّمُ	평가하다, 측정하다
أَهَمّيّة	중요성
مُقْبِل	다가오는, 앞으로의, 다음의(= قادم)
بارِز	두드러진, 뛰어난; 유명한
يُعَدُّ	(…라고) 여겨지다(عَدَّ의 미완료형 수동태 =يُعْتَبَرُ)
مَوْعِد (ج مَواعِدُ)	약속; 약속 시간; 기한

보충심화학습

인조 동명사(المصدر الصناعيّ)

وزارة الخارجيّة (외교부)에서 خارجيّة는 형용사가 아니라, 동명사이기 때문에 وزارة الخارجيّة는 연결형의 구조이다. 예를 들어 وزارة الداخليّة(내무부), وزارة الماليّة(재무부) 등에서도 볼 수 있다. 이러한 동명사는 단어 뒤에 니스바(يّ)와 타마르부타(ة)가 부가되어 만들어진다.

اجتماعية أَرِسْتُقْراطية ازدواجية أسبقية إمكانية

أُمِّية إنتاجية إنسانية بيروقراطية تجريدية

جاذبية جمهورية شرعية قومية كيفية

مسئولية واقعية أقلّية أكثرية أنانية

غيرية بوذية مسيحية اشتراكية ديمقراطية

رأسمالية شيوعية موضوعية ذاتية

يُشار إلى أنّ زيارة الوفد الأمريكي برئاسة سونغ كيم لكوريا الشمالية هي الثانية في غُضون شهر لمتابعة المفاوضات حول نزع سلاحها النووي.
وتأتي هذه الزيارة في إطار جهود لحلّ مسألة الإعلان الكامل لبيونغ يانغ عن أنشطتها النووية، طِبْقا لاتّفاق البلدان الستّة (الكوريتان والولايات المتّحدة واليابان والصين وروسيا) على هذه المسألة.
وكان الاتّفاق الذي قبلت كوريا الشمالية بمُوجِبِه التخلّيَ عن كلّ برامجها النووية مُقابِلَ مساعدات اقتصادية وسياسية، قد تَوَقَّفَ بسبب عدم إصدار بيونغ يانغ إعلانا عن هذه البرامج بحلول نهاية العام الماضي.
وقد برزت نقطة الخِلاف في رفض كوريا الشمالية مناقشةَ نقل التقنية النووية إلى دول أخرى خاصّة سوريا، إلى جانب الاشتباه في متابعتها لعملية تخصيب اليورانيوم.

س ٣) اخترْ من النصّ عبارة تشير إلى ما تسعى الحكومة الأمريكية إليه من خلال المفاوضات مع كوريا الشمالية.

س ٤) لماذا كان الاتّفاق الخاصّ بتخلّي بيونغ يانغ عن البرامج النووية قد توقّف؟

어휘와 표현 연구

بِرِئاسةِ...	…을 의장으로 한, …가 이끄는
في غُضونِ...	…이내에, …안에 (시간)
مُتابَعة	지속, 계속함; 주시, 지켜봄
نَزْعُ السِلاحِ النَوَويّ	핵무기(핵무장) 해제; 비핵화
يَنْزَعُ	제거하다, 빼앗다; 금지시키다; 해제하다
مَسْأَلة (ج مَسائِلُ)	문제, 사안
إِعْلان	발표; 선언; 알림, 신고
طِبْقًا لِـ...	…에 의거하여, …에 따라
اتِّفاق	협의, 합의; 양측의 동의
قَبِلَ	(a) 받아들였다, 수용하였다; 인정하였다
بِمُوجِبِ...	…에 따라, …에 의거하여
تَخَلٍّ عن...	…을 포기함, 버림
مُقابِلَ...	…의 대가로, …대신에
إِصْدار	발표; 발간, 발행
بِحُلولِ...	…까지, …즈음에 (시간)
بَرَزَ	(u) 두드러졌다, 불거졌다
نُقْطةُ الخِلافِ	차이점, 의견차, 견해차
رَفْض	거부, 거절
نَقْلُ التِقْنيّةِ النَوَويّةِ	핵 기술 이전
نَقْل	이동; 이전, 전수; 전달
اشْتِباه في...	…에 대한 의심, 의혹
تَخْصيبُ اليورانِيوم	우라늄 농축

보충심화학습

선언 & 문서

إعلان	선언	announcement	إعلان النتائج الرسمية لانتخابات الرئاسة والبرلمان
بلاغ	공지	notification	بلاغ عن اجتماع المكتب السياسي للحزب
بيان	성명서	statement	بيان وزارة الخارجية الكورية الشمالية أشار إلى...
تصريح	공표		قال رئيس الهيئة العامة للسياحة في تصريح صحفي إنّ...
مَحضَر	회의록	official report	سوريا وتركيا توقّعان محضر اجتماع الدورة الثالثة لمجلس الشراكة السوري التركي.
تقرير	보고서	report	ارتفع عدد الجامعات في الدول العربية إلى ٣٨٥ مقارنة مع ٢٣٣ جامعة في عام٢٠٠٣، بحسب التقرير السنوي.
مُسْتَنَد	서류		تزوير مستند رسمي
مِلَفّ	파일	file	ستتناول المحادثات الملفّ النووي الإيراني.
وَثيقة	문서	document	أعدّت مجموعة من الفلسطينيين والإسرائيليين اقتراح وثيقة تتطرّق إلى الجوانب الأمنية للتسوية الدائمة،...
مِحْفَظَة	포트폴리오	portfolio	تهدف خدمات إدارة المحفظة إلى تحقيق العائدات الأقصى من استثمارات العملاء من خلال مجموعة من استراتيجيات. الاستثمارات

4

جولة جديدة من المفاوضات بين دلاي لاما وبكين رَغْمَ الخِلافات

قال أحد ممثِّلي دلاي لاما الزعيم الروحي لشعب التبت إنّ السلطاتِ الصينية وممثّلي دلاي لاما اتّفقوا على الدخول في المفاوضات رَغْمَ الخلافات.
وقال لودي غياري أحد مبعوثي الزعيم الروحي للتبت للمحادثات مع السلطات الصينية، إنّ الطَرَفَيْن أبْدَيا رغبة في البحث عن مقاربات مشتركة لحلّ أزمة إقليم التبت. وأضاف غياري في لقاء صحفي عَقَدَهُ في مدينة دارمسالا في الهند -مقرّ حكومة التبت بالمنفى- أنّ هناك عدّةَ خلافات بين موفَدي دلاي لاما وممثّلي السلطات الصينية سادت محادثات الاثنين الماضي.
وقدّم كلّ من الطرفين مجموعة من المقترحات الواقعية لكنّ الخلافات بقيت قائمةً بشأن حلّ أزمة إقليم التبت التي بدأت في مارس/آذار الماضي، عندما اندلعت احتجاجات واسعة وأعمال عنف في العاصمة التبتية لاسا.

س ١) ما العقبة التي تحول دون سير المفاوضات بين الطرفين التبتي والصيني على نحو يُرضِي كليهما؟

س ٢) ما الحادثة التي ترتّب عليها إجراء المفاوضات بين الطرفين التبتي والصيني؟

어휘와 표현 연구

رَغْمَ...	…임에도 불구하고(=على الرَغْمِ من)
دلاي لاما	달라이 라마
خِلاف (ج ـات)	차이, 이견; 갈등, 충돌, 분쟁, 싸움
مُمَثِّل	대표자
زَعيم روحِيّ	정신적 지주, 정신적 지도자
السُلْطات الصِينيّة	중국 당국
مَبْعوث	특사 ㉮ بعث '보내다, 파견하다'의 수동분사
مُحادَثة	회담
طَرَف (ج أَطْراف)	측, 당사자
أَبْدَى	보여주었다
رَغْبة في...	…에 대한 바람[희망]
بَحْث عن...	…을 찾음, 모색
مُقارَبة	접근; 접근 방식, 접근법
مُشْتَرَك	공동의, 함께 하는
إِقْليم (ج أَقاليمُ)	지역
لِقاء صُحُفيّ	언론 브리핑, 기자회견
عَقَدَ	(i) (회의 등을) 개최하였다, 열었다
دارمسالا	다람살라 ㉾ 인도 북부의 도시. 티벳트 망명정부가 있음
مَقَرّ (ج ـات)	본부
مَنْفًى (ج مَنافٍ)	망명지
مُوفَد	대표, 사절, 파견 위원, 대리인
سادَ	(u) 지배하였다, 만연하였다

어휘와 표현 연구

مُقْتَرَحات واقِعيّة	현실적인 제안들
قائِم	존재하는
انْدَلَعَ	(전쟁, 싸움 등이) 발발하였다, 불붙었다
احْتِجاج على... (ج ـات)	…에 대한 반대, 항의
أَعْمالُ عُنْفٍ	폭력 사태
يَحول دونَ...	…을 막다
يُرْضِي	만족시키다

보충심화학습

지역

إقليم	منطقة كبيرة تضمّ بلادا متعددة مثل إقليم بلاد الشام الذي يضمّ سورية ولبنان والأردن وفلسطين
محافظة	منطقة كبيرة من البلد الواحد
مقاطعة	جزء من البلد ذو مساحة كبيرة نسبيا
بلد	المكان الذي يسكنه الناس، ويكون كبير المساحة، ويُطلق عليه أيضا اسم الوطن والقطر، فكل قطر بلد.

وتتّهم بكين دلاي لاما بالتخطيط لفصل إقليم التبت عن الصين، وهو ما نفاه الزعيم الروحي الذي يتّهم الحكومةَ الصينية بانتهاك حقوق الإنسان في الإقليم ويطالب بمنح سكّانه قدرا أكبر من الحكم الذاتي في إطار السيادة الصينية عليه.
وبعد محادثات الاثنين الماضي طالبت الصين دلاي لاما بإبداء الجِدِّية إذا أراد استمرار المفاوضات مع بكين، بينما وصف مبعوث دلاي لاما تلك المحادثات بأنّها خطوة أولى إيجابية للتوصُّل لتسوية لأزمة الإقليم. وجاءت تلك المباحثات التي يَعتبرها مُوفَدو دلاي لاما غيرَ رسمية تحت ضُغوط المجتمع الدولي على بكين بعد أعمال العنف التي شهدها إقليم التبت.

س ٣) اذكر الاتّهامات التي يتبادلها الطرفان التبتي والصيني.

س ٤) ما الذي أبداه كلّ من الطرفين التبتي والصيني بعد المحادثات الأخيرة بينهما؟

어휘와 표현 연구

يَتَّهِمُ... بـ ~	…을 ~라고 비난하다
تَخْطيط لـ(إلى)...	…의 계획, 기획
فَصْل...عن ~	…을 ~로부터 분리함, 떼어놓음
نَفَى	(a) 부인하였다, 부정하였다
انْتِهاك	침해, 유린; 위배, 위반
حُقوقُ الإنْسانِ	인권
يُطالِبُ... بـ ~	…에게 ~을 요구하다
مَنْح	허락, 부여
ساكِن (ج سُكّان)	주민
قَدْر	양, 정도
حُكْم ذاتيّ	자치(권)
سِيادة	주권, 통치권, 자주권
إبْداء	보여줌
جِدّيّة	진지함; 심각함
وَصَفَ... بـ ~	(i) …을 ~라고 묘사하였다
خَطْوة أُولى إيجابيّة	긍정적인 첫걸음
تَوَصُّل لـ(إلى)...	…에 도달
تَسْوِية	조정, 중재, 해결
ضَغْط على... (ج ضُغوط)	…에 대한 압력, …에 가하는 압박
مُجْتَمَع دوليّ	국제사회
شَهِدَ	(a) 겪었다; 보았다, 목격하였다

보충심화학습

'협상', '회담' 등의 용어

مفاوضات	협상, 회담	مفاوضات ستجري مع بغداد لحلّ المشاكل العالقة بين الطرفين...
مباحثات	협의, 회담	مباحثات بين كوريا الجنوبية والصين في سيول
محادثات	회담	محادثات سداسية تضمّ الكوريتين والصين والولايات المتّحدة واليابان وروسيا
مشاورات	협의	مشاورات غير رسمية بين فرنسا والولايات المتّحدة والاتّحاد الأوروبي بشأن ملفّ إيران النووي
مؤتمر	회의	مؤتمر الاقتصاد الإسلامي وأعمال البنوك
اجتماع	회의, 회동	اجتماع وزراء دول حوض النيل
منتدى	포럼	منتدى الجامعات السعودية / منتدى الكتاب العربي
ملتقى	포럼	ملتقى الأطبّاء العرب
جلسة	회기, 세션	قال في كلمته خلال الجلسة الختامية للمؤتمر إنّ...
دورة	회기, ~차(회의)	الدورة الأولى للمجلس الوطني الحادي عشر لنوّاب الشعب الصيني
مؤتمر القمّة	정상회담	مؤتمر قمّة دول عدم الانحياز
اتّفاقيّة	협약	توقيع اتّفاقية التعاون بين الغرفة التجارية الصناعية بجدّة ومؤسّسة البريد السعودي لتعزيز التعاون المشترك بينهما
معاهدة	조약	معاهدة خفض الأسلحة الاستراتيجية
بروتوكول	의정서, 프로토콜	غرفة تجارة وصناعة الكويت وقّعت بروتوكول تعاون مع غرفة تجارة وصناعة جيبوتي.

5

الدول الكبرى تدعو إلى الـهُدوء بعد تجارب كوريا الشمالية

دعتِ الولايات المتَّحدة وروسيا والصين إلى التحلِّي بالهدوء وذلك في أعقاب إجراء كوريا الشمالية مجموعةً من التجارب الصاروخية. وكانت كوريا الشمالية قد أطلقت سبعةَ صواريخَ متوسِّطةِ المدى انطلاقًا من سواحلها الشرقية، في تحدٍّ على ما يبدو للولايات المتَّحدة يومَ السبت. وحثَّت كُلٌّ من روسيا والصين بيونغ يانغ على العودة إلى المباحثات، فيما دعاها مسؤول أمريكي إلى عدم القيام بما يَزيد من توتُّر الأوضاع في شبه الجزيرة الكورية. يُذْكَر أنّه محظور على كوريا الشمالية إجراءُ تجارب صاروخية طِبقًا للعُقوبات المفروضة عليها من قِبَلِ الأمم المتَّحدة. وقد شُدِّدَتِ العقوبات على بيونغ يانغ إثْرَ قيامها بتجربة نووية ثانية في مايو/أيار الماضي.

س ١) ما ردّ فعل الدول الكبرى على التجارب الصاروخية لكوريا الشمالية يوم السبت الماضي؟

س ٢) متى شُدِّدَتِ العقوبات على كوريا الشمالية؟

어휘와 표현 연구

الدُوَل الكُبْرى	강대국
هُدوء	평정, 평온; 조용, 고요
تَجْرِبة (ج تَجارِبُ)	실험, 시험; 경험
التَحَلّي بـ...	…으로 장식됨 예 دَعا إلى التحلّي بالهُدوء 평정을 유지할 것을 촉구했다.
في أَعْقاب...	…직후
أَطْلَقَ	(총탄, 미사일 등을) 발사(발포)했다, 쏘았다
صاروخ (ج صَواريخُ)	미사일
صاروخٌ مُتَوَسِّطُ المَدى	중거리 미사일 참 صاروخ قَصير المدى 단거리 미사일 صاروخ طَويل المدى 장거리 미사일 صاروخ بالستي عابِر للقارّات 대륙간 탄도 미사일(ICBM)
انْطِلاقًا من ...	…로부터 발사되어
ساحِل (ج سَواحِلُ)	해안, 해변
تَحَدٍّ لـ... (ج تَحَدِّيات)	…에 대한 도전
حَثَّ ... على ~	(u) …에게 ~을 촉구했다
العَوْدة إلى المُباحَثات	회담 복귀
يَزيدُ (من)...	…을 증가[증대, 증폭]시키다
تَوَتُّر الأَوْضاعِ	정세 긴장
شِبْهُ الجزيرةِ الكوريّةِ	한반도
مَحْظور على...	…에게 금지된
عُقوبات مَفْروضة على...	…에게 가해진[부과된] 제재
شُدِّدَ	강화되었다
مِن قِبَل...	…로부터, …에 의해

보충심화학습

UN 기구

برنامج الأمم المتحدة للتنمية	유엔개발계획	UN Development Programme (UNDP)
منظمة الأمم المتحدة للتنمية الصناعية	유엔공업개발기구	UN Industrial Development Organization (UNIDO)
منظمة الأمم المتحدة للتربية و العلم و الثقافة	유엔교육과학문화기구	UN Educational Scientific and Cultural Organization (UNESCO)
المفوضية السامية لشؤون اللاجئين في الأمم المتحدة	유엔난민고등판무관실	UN High Commissioner for Refugees (UNHCR)
مؤتمر الأمم المتحدة للتجارة و التنمية	유엔무역개발회의	UN Conference on Trade and Development (UNCTAD)
منظمة الأغذية و الزراعة للأمم المتحدة	유엔식량농업기구	Food and Agriculture Organization of the UN (FAO)
مجلس الأمن للأمم المتحدة	유엔안전보장이사회	UN Security Council (UNSC)
وكالة الأمم المتحدة لإغاثة وتشغيل اللاجئين الفلسطينيين في الشرق الأدنى	유엔팔레스타인 난민구호사업기구	UN Relief and Works Agency for Palestine Refugees in the Near East (UNRWA)
برنامج الأمم المتحدة للبيئة	유엔환경계획	UN Environment Program (UNEP)

وفيما يتعلَّق بالتجارب الصاروخية التي أُجْرِيَتْ السبت قال الناطق بوزارة الخارجية الأمريكية كارل داكورث "على كوريا الشمالية الابتعادُ عن كلِّ ما يَزيد تَوَتُّرَ الأوضاع وتَركيزُ جُهودها على مُباحثات نَزْع الأَسلحة النووية والوَفاءُ بتعهُّداتها بموجِب اتِّفاق سبتمبر/ أيلول ٢٠٠٥" الذي يَنُصُّ على تفكيك البرنامج النووي الكوري مُقابلَ تقديم مساعدات اقتصادية لها. ووصف المسؤول الأمريكي التجارب الكورية الأخيرة بأنّها غيرُ مساعِدَة. وذكر مسؤول حكومي جنوبي أنّ التقديرات تُشير إلى أنّ الصواريخ يصل مداها إلى ٣٠٠ ميل تقريبًا أي نحو ٥٠٠ كيلومتر وهو مدى يَكفي لضرب القسم الأكبر من أراضي الشطر الجنوبي لشِبه الجزيرة الكورية.

س ٣) ما الذي يتوجّب على كوريا الشمالية القيام به حسب اتّفاق سبتمبر ٢٠٠٥؟

س ٤) ما مدى الصواريخ التي أطلقتها كوريا الشمالية يومَ السبت الماضي؟

어휘와 표현 연구

فيما يَتَعَلَّقُ بـ...	…와 관련하여 (= فيما يَتَّصِلُ بـ... ,فيما يَقْتَرِنُ بـ...)
أُجْرِيَ	실시되었다, 진행되었다, 이루어졌다 문 أَجْرى의 수동태
ناطِق بـ...	…의 대변인 (= مُتحدِّث بـ...)
وِزارةُ الخارِجيّةِ الأمريكيّةُ	미 국무부
على كوريا الشمالية...	북한은 …해야만 한다 문 전치사 على 뒤에 오는 (대)명사는 의미상의 주어가 되어 구문은 '…해야만 한다'로 해석된다. 유사한 구문으로 (أنْ) ...يَجِبُ على의 구문이 있다.
تَرْكيزُ الجُهودِ على...	…에 대한 노력을 집중[경주]
مُباحَثات نَزْعِ الأَسْلِحةِ النَّوَويّةِ	비핵화 협상, 회담
وَفاء بـ...	(약속, 결의안의) 이행
تَعَهُّد (ج ـات)	약속, 의무
يَنُصُّ على...	…을 규정하다, 명시하다
تَفْكيك	폐기, 와해, 해체
بَرْنامَج نَوَويّ	핵 프로그램
تَقْديمُ مُساعَداتٍ اقْتِصاديّةٍ	경제 원조 지원, 경제 원조 제공
وَصَفَ ... بِأَنَّ ~	…을 ~라고 기술(서술)하였다
يُشيرُ إلى أنّ ...	…을 가리키다, ~라고 지적하다
مَدى الصَواريخِ	미사일 사정거리
تَقْدير (ج ـات)	추측, 추정; 평가
تَقْريبًا	약, 대략 참 수치 뒤에 옴
نَحْوَ	약, 대략(= حَوالَيْ) 참 수치 앞에 옴
يَكْفي لـ...	…하기에 충분하다
شَطْر (ج أَشْطُر، شُطور)	절반, 부분 참 بين شَطْرَيْ كوريا 남북한 간에

주어+서술문

الصواريخ يصل مداها إلى ٣٠٠ ميل تقريبًا.	그 미사일의 사정거리는 약 300마일에 이른다.
الانفجارات الشمسية يعود سببها إلى ارتفاع درجات الحرارة.	태양 폭발의 원인은 온도 상승에 있다.
تجمع حولها جيش كبير يبلغ عدده عشرة آلاف مقاتل بقيادة أبي سفيان ..	그 주변에 아부 수프얀이 이끄는 만명에 달하는 큰 군대가 모였다.
جيشنا العراقي يبلغ عدده قرابة المليون جندي وضابط.	우리 이라크군 수는 군인과 장교 약 100만명에 달한다.

وأعلنت وزارة الدفاع الكورية الجنوبية أنّ الصواريخ أُطْلِقَتْ من قاعدة كيتداريونغ القريبة من مَرْفَأ وونسان الكوري الشمالي. وأضاف بيانُ الوزارة أنّ الجيش الكوري الجنوبي على أُهْبَةِ الاستعداد للردّ على أيّ "تهديد أو استفزاز من الشمال". وكانت كوريا الشمالية اختبرت أربعة صواريخ قصيرة المدى انطلاقًا من سواحلها الشرقية يومَ الخميس الماضي. وكان مجلس الأمن الدولي شَدَّدَ العقوبات المفروضة على كوريا الشمالية في أعقاب إجرائها تجربة نووية يومَ ٢٥ مايو/أيار الماضي.

وتقول كوريا الشمالية إنّ لها الحقّ في إطلاق صواريخ على سبيل الاختبار في إطار برنامجها الفضائي المدني. وكان مجلس الأمن الدولي وافق على فَرْض الحَظْر على تجارة الأسلحة مع كوريا الشمالية بما فيها نُظُم الصواريخ التي تُمَثِّل مصدرًا مهمًّا للعملة الصعبة لهذا البلد الذي يحتاج إلى الموارد المالية بشدّة.

س ٥) لخِّص إعلان وزارة الدفاع الكورية الجنوبية إزاء التجارب الصاروخية لكوريا الشمالية.

س ٦) بأيّ حُجّة أجرت كوريا الشمالية تجاربها الصاروخية الأخيرة؟

어휘와 표현 연구

لَخِّصْ	요약하시오(명령형)
وِزارة الدِفاع	국방부
قاعِدة (ج قَواعِدُ)	(군사) 기지
مَرْفَأ (ج مَرافِئُ)	항구
على أُهْبة الاسْتِعْداد لـ...	…을 위해 만반의 준비가 된
تَهْديد	위협, 협박
اسْتِفْزاز	도발, 도전
اخْتَبَرَ	실험했다, 시험했다
مَجْلِسُ الأَمْنِ الدُوَلِيِّ	(UN)안전보장이사회
شَدَّدَ العُقوبات المَفْروضة على...	…에 대한 제재를 강화했다
حَقّ في...	…의 권리
على سَبيلِ الاِخْتِبار	실험을 위해, 실험을 목적으로
فَضائيّ	우주의
مَدَنيّ	민간의
فَرْضُ حَظْرٍ على...	…을 금지시킴
نِظامُ الصَواريخِ	미사일 체제(system)
يُمَثِّلُ	대표하다; 나타내다, 표현하다
مَصْدَر (ج مَصادِرُ)	근원, 원천
عُمْلة صَعْبة	경화(硬貨 hard currency), 전환화폐
يَحْتاجُ إلى...	…를 필요로 하다
مَوارِدُ ماليّةٌ	자금원, 재원

보충심화학습

주어+ 복합형용사

연결형태로 이루어진 복합형용사는 의미상의 주어가 형용사 뒤에 연결되어 형용사 앞에 오는 어휘를 수식한다. 이때 형용사는 앞에 오는 피수식어에 격과 한정/비한정 상태를 일치시키고, 뒤에 오는 단어와 성과 수를 일치시키는 것이 원칙이다.

هذا <u>فتًى</u> <u>حَسَنُ</u> <u>الوجهِ</u>.

هذا فتى ويَحْسُنُ وَجْهُهُ.

هذا فتى يَحسن وجْهُهُ.

هذا فتى يحسن وجهٌ منه.

هذا فتى حسنُ الوجهِ.

هؤلاء هم <u>الرجال</u> <u>الحسنةُ</u> <u>الوجوهِ</u>.

هؤلاء هم الرجال وتحسن وجوهُهم.

هؤلاء هم الرجال الذين تحسن وجوهُهم.

6

كوريا الشمالية لا تزال تتحدّى الولايات المتّحدة

لا تزال كوريا الشمالية تتحدّى الولايات المتّحدة، وبدأ هذا التحدّي الكوري الشمالي بإعلان استئناف برامجها النووية المجمَّدة. بعد ذلك، طردت المفتّشين التابعين للوكالة الدولية للطاقة النووية. بالإضافة إلى ذلك، نزعت معدّاتِ المراقبة من المنشآت النووية الكورية الشمالية، مثل الكاميرات. ومؤخّرا، أعلنت انسحابها من اتّفاقية حظر الانتشار النووي. ثم وقّعت على عقد خاصّ ببيع صواريخِ سكود لدول أخرى، بما فيها دولُ منطقة الشرق الأوسط.

هذا ورفضت بيونغ يانغ اقتراحا أمريكيا لتقديم مساعدات غذائية مقابلَ تجميدِ البرامج النووية، وذلك بعد أن قرّر الكونجرس الأمريكي رفضَ موافقته على مشروع تقديم ٦٠ مليون دولار أمريكي لكوريا الشمالية عن طريق منظّمة تطوير الطاقة في شبه الجزيرة الكورية، المعروفةِ باسم "كيدو".

س ١) ما الطرق التي تتحدّى بها كوريا الشمالية الولايات المتّحدة؟

س ٢) لماذا رفضت بيونغ يانغ الاقتراح الأمريكي؟

어휘와 표현 연구

لا يَزالُ	여전히 …하다, 아직도 …하다 (= ما زال)
يتحدَّى	도전하다
تحدٍّ (ج تحدِّيات)	도전, 도전과제
مجمَّد	동결된
طَرَدَ	(u) 쫓아냈다, 추방했다, 내쫓았다
مُفَتِّش	검사원, 감독원, 검열원; 사찰단
الوِكالة الدوليّة للطاقة النوويّة	국제원자력기구 (International Atomic Energy Agency, IAEA) 참 1957년 원자력의 평화적 이용을 위한 연구와 국제적인 공동관리를 위하여 설립된 국제연합 기구
نَزَعَ	(a) 제거했다, 철거했다 (= أزال)
مُعَدّات	(복) 장치, 도구, 기구
مُراقَبة	감시, 감독, 관찰
مُنْشَأة (ج مُنْشَآت)	시설, 시설물; 기업
انْسِحاب	철수, (조약이나 조직 등에서)탈퇴, 철회
اتّفاقية حَظْرِ الانتشار النووي	핵무기 확산방지조약 (Treaty on the Non-Proliferation of Nuclear Weapons, NTP) 참 المُبادَرة الأَمْنيّة لانْتِشارِ أَسْلِحَةِ الدَمارِ الشّامِلِ 대량살상 무기 확산 방지 구상(Preliferlation Security Iniciative, PSI)
عَقْد (ج عُقود)	계약
خاصّ بـ...	…와 관련된
اقْتِراح (ج اقْتِراحات)	제의, 제기, 제안
غِذائيّ	식량의
مُقابِلَ...	…의 대가로, …대신
منظّمةُ تَطْويرِ الطاقةِ في شِبْهِ الجَزيرةِ الكورية	한반도 에너지 개발 기구 (The Korean Peninsula Energy Development Organization, KEDO)

보충심화학습

기관명

مُنشأة (establishment) 시설(물)

예) منشأة نووية، منشآت صناعية، منشآت سكنية وزراعية

مؤسّسة (institution) 특정한 목적으로 구성된 단체

예) المؤسّسة الاقتصادية، المؤسّسة السياسية، المؤسّسة الدينية، المؤسّسة التعليمية

منظّمة (organization) 기구

예) منظّمة الأمم المتّحدة، منظّمة الصحّة العالمية، منظّمة التجارة العالمية

هيئة (commission) 기관, 공사, 청(廳)

예) هيئة المواصفات والمقاييس (표준청), الهيئة المصرية العامة للكتاب (이집트 도서청)

وكالة (agency) (정부)기관, …국(局), 기구

예) الوكالة الدولية للطاقة الذرية

تَجْدُرُ الإشارةُ إلى أنّ منظّمة "كيدو" تأسّست بِمُوْجِبِ الاتّفاقِ الذي تمّ التوصّل إليه بين كوريا الشمالية والولايات المتّحدة في عام ١٩٩٤ في جنيف، بغرض تقديم الوَقود إلى كوريا الشمالية.

وتشارك في هذه المنظّمة كوريا الجنوبية واليابان والولايات المتّحدة وغيرُها من البلدان الأوروبية الأخرى.

تعرف الإدارةُ الأمريكية تماما خطورةَ التحدِّي الكوري الشمالي من الناحية العسكرية، حيث عندما أجرت كوريا الشمالية في عام ١٩٩٨ تجربتَها الأولى الخاصّة بإطلاق الصاروخ من طراز تيبودونغ الأوّل، نجح هذا الصاروخُ في عبور الأجواءِ اليابانية وسقط في موقع قريب من شرق اليابان. يعني ذلك أنّ الصاروخ الجديد من طراز تيبودونغ الثاني الذي يحمل رؤوسا نووية، يكون قادرا على الوصول إلى جزيرة هاواي وبعضِ المدن في الساحل الغربي للولايات المتّحدة.

س ٣) ما الغرض من إنشاء منظّمة "كيدو" وأيّ دول تشارك فيها؟

س ٤) أين سقط صاروخ تيبودونغ الأوّل الذي أطلقته كوريا الشمالية؟

어휘와 표현 연구

تَجْدُرُ الإشارةُ إلى...	…를 언급할 만하다. 언급할 가치가 있다
تَأَسَّسَ	수립되었다, 창설되었다 참 أَسَّسَ 세웠다, 창설했다, 설립했다
بموجِبِ...	…에 의거하여, …에 따라 (= بِمُقْتَضَى...)
تَوَصُّل إلى...	… (합의 등에) 도달함, 이름
بغَرَضِ...	…의 목적으로, …를 위해 (=مِنْ أَجْلِ..., بِهَدَفِ...)
وَقود	연료
وَغيرُها مِنْ...	그 외 … (보충심화 학습 p.54 참고)
الإدارة الأمريكيّة	미 행정부
خُطورة	중요성; 위험성, 심각성
أَجْرَى	실시하였다
التَجْرِبة الأولى	1차 실험
إطلاق	사격, 발사; 해방, 석방 예 أَطْلَقَ سَراحَهُ 그를 놓아주었다, 석방했다
من طِرازِ...	…형(型)
عُبور	(국경 등을)통과, 횡단
جوّ يابانيّ(ج أَجْواء يابانيّة)	일본 영공, 일본 상공
سَقَطَ	(u) 떨어졌다; 넘어졌다
يَحْمِلُ	나르다, 운반하다, 지니다, 장착하다, 소지하다
رأس نوويّ (ج رُؤوس نوويّة)	핵탄두
قادر على...	…할 수 있는, …할 능력이 되는
ساحِل (ج سَواحِلُ)	해안
الساحِل الغَرْبيّ	서해안, 서쪽(지역) 해안 참 الساحل الشرقيّ: 동해안

보충심화학습

기타 등등, ~외

앞에 언급된 단어의 성, 수에 따라 언급된 단어 이 외의 사람이나 이외의 것이라는 의미를 나타낸다.

محمد وغيره

ليلى وغيرها

كتاب وغيره

حقيبة وغيرها

محمد وليلى وغيرهما

كتاب وحقيبة وغيرهما

محمد وفريد وسمير وغيرهم

ليلى ووداد وسميرة وغيرهنّ

경제

1

خطاب رئيس رابطة رجال الأعمال القطريين
- ملتقى الأعمال القطري الكوري الثاني -

الحضور الكرام

يُسْعدني أن أرحّب بكم جميعا هنا اليوم في ملتقى الأعمال القطري الكوري الثاني. وأودّ بهذه المناسبة، بالنيابة عن مجلس إدارة وأعضاء رابطة رجال الأعمال القطريين، أن أشكر السيد لي هيه بوم رئيس اتّحاد كوريا للتجارة الدولية وكذلك كافّةَ أعضاء كيتا والعاملين فيها على مجهوداتهم الهائلة لإنجاح هذا الحدث الكبير والذي يهدف إلى دعم التعاون الاقتصادي والتجاري بين جمهورية كوريا الجنوبية ودولة قطر.

كما أَتوجّه بالشكر للمسؤولين في كوريا الجنوبية على الحفاوة البالغة التي صادفناها خلال زيارتنا لسيول بهدف إقامة الملتقى الاقتصادي الأوّل بين البلدين والذي حضره كبار الشخصيات العامّة وروّاد مجتمع الأعمال من البلدين. العلاقاتُ بين دولة قطر وكوريا الجنوبية علاقات طيّبة وعميقة على جميع الأصعدة الاقتصادية والصناعية والتجارية وغيرها.

س ١) إلى ماذا يهدف ملتقى الأعمال القطري الكوري الثاني؟

س ٢) أين أقيم ملتقى الأعمال القطري الكوري الأوّل؟

س ٣) من حضر ملتقى الأعمال القطري الكوري الأوّل؟

어휘와 표현 연구

خِطاب (ج ـات)	연설; 편지, 서한, 서신; 담론, 담화
رابِطة (ج رَوابِطُ)	연계, 관계; 동맹, 연맹, 협회
رَجُل أعْمال (ج رِجال أَعْمال)	사업가, 비즈니스맨, 경제인, 기업인
مُلْتَقًى	만남의 장, 모임 장소; 회의, 포럼 참 مُلْتَقَى الأَعْمال القَطَرِيّ الكوريّ 는 '카타르-한국 비즈니스 포럼'
غُرْفةُ التِجارةِ والصِناعةِ	상공회의소
حاضِر (ج حُضور)	참석한, 출석한; 참가자, 참석자 참 الحُضور الكِرام 존경하는 참석자 여러분
يُسْعِدُنِي أَنْ...	나는 …을 기쁘게 생각합니다 (= يَسُرُّنِي أَنْ...)
أُرَحِّبُ بِكُمْ	나는 여러분들을 환영합니다. 예 أُرَحِّبُ بكم تَرْحِيبا حَارًّا 동족 목적어를 이용해서 "저는 여러분을 열렬히 환영합니다."로 표현하기도 한다.
اِتِّحَاد كوريا للتِجارة الدَوْليّة (كيتا)	한국무역협회 (The Korea International Trade Association: KITA)
بِالنيابة عن ...	…을 대신하여, 대리하여
مَجْلِس الإدارة	이사회
كافّة	총체, 전체, 모두
عُضْو (ج أَعْضاء)	회원, 구성원, 멤버
مَجْهود (ج ـات)	힘, 노력, 열성
هائل	무서운, 무시무시한; 거대한, 막대한
إِنْجاح	성공시킴, 성사시킴
حَدَث (ج أَحْداث)	사건, 행사, 이벤트
يَهْدُفُ إلى...	…을 목표로 하다
دَعْم	지지, 지원; 원조

어휘와 표현 연구

يَتَوَجَّهُ بـ...إلى	…을 ~에게 보내다, 드리다 (= يَتَقَدَّمُ بـ...) 참 أَتَوَجَّهُ بِالشُكْر لِـ... …에게 감사드립니다
حَفاوة	환대, 환영
صادَفَ	만났다, 우연히 대면했다
شَخْصيّة	인물, 개성, 인격 참 كِبار الشَخْصيّات العامّة 고위 공직자들
رائد (ج رُوّاد)	선구자, 개척자
مُجْتَمَع الأَعْمالِ	경제계, 비지니스계 (= دَوائر الأَعْمالِ، أَوْساط الأَعْمالِ)
صَعيد (ج أَصْعِدة)	차원, 수준

وقد احْتَلَّت دولة قطر مَكانةً مَرْموقةً دوليا في ضوء السياسة الحكيمة والطَّموحة لسموّ الشيخ حمد بن خليفة آل ثاني أمير البلاد، واتّجهت أنظار العالم إلينا بعد أن تَخَطَّتْ مَقَاييسُ التقدّم والازدهار بدولتنا كلَّ التوقّعات، أصبحنا محطّة رئيسية لجذب الاستثمارات الإقليمية والدولية في العديد من المجالات.

ويُسْعِدُ رابطةَ رجال الأعمال القطريين التعاونُ مع كافّة رجال وسيّدات الأعمال الكوريين للقيام بمبادرات فعّالة من شأنها زيادةُ التكامل الاقتصادي وتنمية التبادل التجاري والاستثماري بما يَعود بالمنفعة على مجتمعات الأعمال في البلدين ودعم تطوير قدرات ومهارات القطاع الخاصّ من أجل الوصول لغَدٍ أَفْضَلَ ومستقبلٍ متقدّم على الدوام بإذن الله تعالى.

وأهلا وسهلا بكم جميعا في بلدكم الثاني قطر.

والسلام عليكم ورحمة الله وبركاته.

س ٤) لماذا اتّجهت أنظار العالم إلى دولة قطر؟

س ٥) ما نتائج التعاون بين رابطة رجال الأعمال القطريين ورجال وسيّدات الأعمال الكوريين كافّة؟

어휘와 표현 연구

احْتَلَّ	차지했다, 점유했다 ㉿ احْتَلَّ... مكانةً 위치(위상)를 차지했다
مَرْموق	중요한, 현저한, 뚜렷한, 괄목할만한
ضَوْء (ج أَضْواء)	빛, 광선 ㉿ في ضَوْءِ... …에 비추어서
طَموح	열렬히 바라는, 갈망하는, 야심찬
سُمُوّ	고상함, 숭고함; 거룩함 ㉿ صاحِب السُمُوّ 각하, 폐하
اتَّجَهَ إلى...	…로 돌리다, 향하다
نَظَر (ج أَنْظار)	시력, 시각; 시선, 눈길
تَخَطَّى	넘었다, 지났다, 초과했다 문 تَخَطَّتْ 의 목적어는 كُلَّ التَّوَقُّعات 로 '모든 기대를 뛰어 넘었다'로 해석된다.
مِقْياس (ج مَقاييسُ)	표준, 기준; 규모, 크기
جَذْب	끌어당김, 유인, 유치
اسْتِثْمار (ج ـات)	투자
عَديد من	여럿의
مَجال (ج ـات)	자리, 공간, 영역, 분야
يُسْعِدُ	즐겁게 하다, 행복하게 하다 문 يُسْعِدُ 의 주어는 التَعاوُنُ 이며 '협력이 카타르 경제인 연합을 기쁘게 한다' 즉, 카타르 경제인 연합은 그 협력을 기쁘게 생각하고 있다'로 해석된다.
فَعّال	현실적인, 실제적인; 효율적인
زِيادة	증대, 증가; 추가; 초과
تَنْمية	개발, 성장, 발전
تَبادُل	교환, 교류
مَهارة	솜씨, 재간, 기능, 기교, 스킬
القِطاع الخاصّ	사(私)분야, 민간 부문 (↔ القطاع العامّ)
مُبادَرة	구상(안), 계획(안), 이니셔티브

어휘와 표현 연구

تَكامُل	통합
بِما أَنَّ...	~할 것이기 때문에 참 بِما يَعودُ بِالمَنْفَعة على... 이득(이익)이 …에게 돌아올 수 있도록
مَنْفَعة (ج مَنافِعُ)	혜택, 이익, 효용
غَد أَفْضَلُ ومُسْتَقْبَل مُتَقَدِّم	더 나은 내일과 발전된 미래
على الدَوام	항상, 항시적으로, 언제나
بِإِذْنِ اللهِ تَعالى	지고하신 알라의 허락으로

2

مجلس الاحتياطي الفيدرالي يخفّض نسبة الفائدة بنقطة واحدة

قام مجلس الاحتياطي الفيدرالي، الذي يقوم بدور البنك المركزي في أمريكا، بتخفيض نسبة الفائدة من ٥.٢٥% إلى ٤.٢٥ %. وتهدف هذه الخطوة، التي تُعتبَر أَوَّلَ إجْراء من نوعه يتّخذه مجلسُ الاحتياطي الفيدرالي، إلى إعادة الثقة إلى سوق العقارات.

ويُتوقَّع أن تحذو بنوك مركزية أخرى بما فيها بنك إنجلترا حذوَ مجلس الاحتياطي الفيدرالي بهدف تهدئة المخاوف المتنامية التي أصابت أوساط المال.

ومن شأن الخطوة التي اتّخذها مجلس الاحتياطي، منعُ الاقتصاد الأمريكي من الانزلاق إلى حالة ركود.

وشهدت البورصات عند إغلاقها ارتفاع معدّل مؤشّر داو جونز بنسبة ٢.٥١% ليستقرّ عند مستوى ١٣٦٣٩.٣٨، أمّا مؤشّر "إس أند بي ٥٠٠" فارتفع بنسبة ٢.٩٢% ليستقرّ عند مستوى ١٥١٩.٧٨ في حين ارتفع مؤشّر الناسداك بنسبة ٢.٧١% ليستقرّ عند مستوى ٢٦٥١.٦٦.

س ١) لماذا قام مجلس الاحتياطي الفيدرالي بتخفيض نسبة الفائدة؟

س ٢) ما الأثر المُتوقَّع للخطوة التي اتّخذها مجلس الاحتياطي؟

어휘와 표현 연구

احْتياطيّ	준비의, 예비의; 준비, 예비, 보유
مَجْلِس الاحْتِيَاطِيِّ الفِدْرالِيِّ	연방준비이사회(FRB: Federal Reserve Board)
فائدة (ج فَوائِدُ)	이익, 이득, 소득 ㊟ سِعْر الفائدة 금리
نِسْبة الفائدة	이자율, 이율
يَقُومُ بِدَوْر...	…의 역할을 수행하다, 본문에서는 '…격인'으로 해석된다.
أَوَّل إِجْراءٍ مِنْ نَوْعِهِ يتَّخِذُهُ	㊆ يتَّخِذُهُ 는 أَوَّل إِجْراء 를 수식하는 관계로 해석은 '…가 채택한 그러한 종류의 첫 번째 조치'이다.
إعادة الثِقةِ	신뢰 회복
عَقار (ج ـات)	부동산; 영지, 소유지
يَحْذو حَذْوَ...	…의 사례를 따르다, …을 본보기로 삼다, …의 전철을 밟다
تَهْدِئة	진정시킴, 완화함
مَخاوِفُ	(복) 두려움, 우려, 공포
تَنامَى	성장했다, 점차 커졌다; ㊟ متنامٍ 점증하는, 증가하는
مِنْ شَأْنِه...	그(것)의 속성은 …이다
يُعاني من...	…을 겪다, …으로 고통받다
انْزِلاق إلى...	…으로 미끄러짐, 빠짐, 전락
رُكود	침체, 정체, 부진
بورْصة	거래소, 교역소 ㊟ بورْصة الأَوْراقِ الماليّةِ 증권 거래소
مُؤَشِّر (ج ـات)	지표, 지수
مُؤَشِّر داو جونز	다우 존스 지수
لِيَسْتَقِرَّ عِنْدَ مُسْتَوى...	앞 문장 내용의 결과로써 '…수준에 머물다'로 해석된다
أَمَّا ... فـ ~	…으로 말하자면 ~이다. ㊟ 다른 대상과 비교, 강조하기 위해 أَمَّا 와 فـ 사이에 강조 대상 단어나 구를 사용한다.
مُؤَشِّر "إس أند بي ٥٠٠"	S&P (스탠다드 앤드 푸어스) 500 지수
مُؤَشِّر الناسداك	나스닥 지수

보충심화학습

동족 목적어

주로 동사와 같은 어근의 동명사형을 사용하여 정도, 횟수 강조 등을 표현한다.

جرى مَجراه، حلّ محلّه، سلك مسلكه، نهج منهجه، وضع موضعه، وقع موقعه

سلكنا مسلكًا لم يَسْلُكْهُ أحدٌ من قبلُ.

يفصّل تفصيلًا عظيمًا.

أنكر إنكارًا شديدًا.

تختلف اختلافًا جوهريًّا عن...

في صورة دقيقة كلّ الدقّة.

نعتقد كلّ الاعتقاد أنّ...

يبعُد كلَّ البُعْدِ عن...

يعرفها حقّ المعرفة...

إنّها صحيحة تمام الصحّة.

الاشتقاق في العربيّة واضح غاية الوضوح.

وبهذا الانتعاش يكون مؤشّر "إس أند بي ٥٠٠" قد حقّق أعلى طفرة في قيمته منذ شهر مارس/آذار ٢٠٠٣ بينما يكون مؤشّر داو جونز قد حقّق أفضل أداء له خلال يوم واحد منذ عام ٢٠٠٣.

ويأمُل مجلس الاحتياطي بتخفيض سعر الفائدة، في دفع الأمريكيين إلى الاستهلاك والاستثمار أكثر، الأمر الذي سيؤدّي إلى إنعاش الاقتصاد الأمريكي. قال مجلس الاحتياطي في بيان له إنّه كان عليه أن يتصرّف قبل أن تُضِرَّ الأزمة بأداء الاقتصاد أَكْثَرَ فَأَكْثَرَ.

وجاء في بيان مجلس الاحتياطي أنّ تشديد إجراءات الاقتراض من البنوك ينطوي على إمكانية تكثيف الجهود الرامية إلى تصحيح الخلل الذي طرأ على سوق العَقارات. وفاجأ تخفيضُ نسبة الفائدة، وهي أوّل مرّة يتم فيها تغيير نسبة الفائدة أَكْثَرَ من مرّة في السنة، المحلّلين الماليين.

س ٣) فيما يأمل مجلس الاحتياطي بتخفيض سعر الفائدة؟

س ٤) ماذا حقّق مؤشّر إس أند بي ٥٠٠ نتيجة لارتفاع مؤشّر داو جونز بنسبة ١.٥١%؟

س ٥) بماذا فوجئَ المحلّلون الماليون؟

어휘와 표현 연구

إِغْلاق	닫음, 폐쇄 ㊟ 증시에서는 '폐장'으로 해석된다.
انْتِعاش	재기, 부활, 회복, 활성화
يَكونُ قَدْ حَقَّق	㊠ 현재 완료형 표현으로 '마침내 실현했다'로 해석된다.
طَفْرة	점프, 도약, 상승 ㊠ 본문의 أعلى طَفْرة는 최상급 표현으로 '가장 큰 폭의 상승'을 의미한다.
قيمة (ج قِيَم)	값, 가치, 가격
أداء	수행, 이행, 실적, 성과 ㊠ 본문의 أَفْضَل أداءٍ لَهُ 는 최상급 표현으로 '최고 실적'으로 해석된다.
سِعْر الْفائِدةِ	이율, 이자율; 금리
اسْتِهْلاك	소비
الأَمْر الذي سَيُؤَدّي إلى...	(이전)사실은 …을 초래할 것이다.
إِنْعاش	복구, 소생, 활성화
كانَ عَلَيهِ أَنْ...	그는 … 해야 했다
يَتَصَرَّفُ	행동하다, 독자적으로 처신하다
أَكْثَر فَأَكْثَر	더욱 더, 점점 더
جاءَ	(i)왔다, 나왔다, 언급되었다 ㊠ 본문에서는 أَنَّ 이하가 주어이다.
تَشْديد	강화, 증강
إِجْراء (ج ـات)	조치, 절차
اقْتِراض	대출
يَنْطَوي على...	…를 포함하다, 내포하다
إِمْكانيّة	가능성, 능력
رامٍ إلى...	…을 목표로 하는
خَلَل (ج خِلال)	불균형, 고장
طَرَأَ على...	(a) …에게 닥쳤다, 발생했다
فاجَأ	놀라게 만들었다 ㊟ 본문에서는 (금융분석가들을) 놀라게 했다
أَكْثَر من مَرّة	수 차례, 여러 차례
مُحَلِّل	분석가, 해설자

아랍어 한마디

التَّكْرَار يُعَلِّم الحِمار.	서당개 3년이면 풍월을 읊는다. (원 뜻: 반복이 당나귀를 가르친다.)
الفَرَجُ بَعْدَ الشِّدَّةِ.	고생끝에 낙이 온다.

منتدى دافوس يختتم أعمالَه بالتشاؤم من الاقتصاد العالمي

انتهت لقاءات "منتدى دافوس" أمس بعد مناقشات حارّة في مختلف الشؤون الاقتصادية التي يَهُمُّها العالمُ.
وأكّد بيانٌ صَدَرَ عن إدارة المنتدى أنّ الأجيال المقبلة سترث تحدّيات كبيرة، في ظلّ التغيّر المناخي والفقر والإرهاب وعدم المساواة في الدخل وشحّ المصادر الطبيعية وتكلفة التقاعد.
وشدّد المشاركون في المنتدى، خلال الأيّام الخمسة الماضية، على أنّ تحدّي الفقر الذي يجتاح دولًا كثيرة في الجزء الجنوبي من العالم، يجب أنْ يُدْرَجَ في أَوْلَويّات الدول الكبرى، خصوصا أنّ أكثرَ من بليون شخص يعيشون بأقلَّ من دولار في اليوم و٧٧ مليون طفل لا يحصلون على التعليم.
ورغم أنّ المنتدى غَيْرُ مُخَوّل بإصدار توصيات رسمية فقد أشار خبراء ومدراء تنفيذيون في شركات عالمية كبرى شاركوا فيه، إلى أنّ التحدّي الذي يواجه العالمَ هذه السنة والسنوات المقبلة، هو القضاء على الفقر وتأمين التعليم لملايين الأطفال حول العالم. وأكّدوا أنّ نحو بليون شخص في العالم سيدخلون القرن الحادي والعشرين غير قادرين على قراءة كتاب أو توقيع أسمائهم.

س ١) ما أخطر مشكلتين تواجهان العالمَ في الوقت الراهن؟ ولماذا تعتقد هكذا؟

س ٢) ماذا نسمّي غير القادرين على قراءة كتاب أو توقيع أسمائهم؟

어휘와 표현 연구

اخْتَتَمَ أعماله	(회의, 포럼)은 그 업무를 끝냈다, 폐회하였다, 폐막하였다
مُنْتَدى دافوس	다보스 포럼, 세계경제포럼(World Economic Forum, WEF) (= المنتدى الاقتصاديّ العالميّ)
تشاؤم	비관주의, 염세주의, 비관 (↔ تفاؤل 낙관주의, 낙관)
مُخْتَلِف...	각종 …, 다양한 …, 여러가지 … 문 뒤에 한정 복수 명사와 함께 사용된다.
شؤون اقتصاديّة	경제 사안, 경제 문제 참 شؤون خارجيّة، شؤون سياسيّة
يَهُمُّ	관심을 끌다, 흥미를 끌다 참 إلى مَنْ يَهُمُّهُ الأَمْرُ 관계자 앞 (To whom it may concern)
صَدَرَ	(u)나왔다, 발표되었다. 공포되었다 비 أَصْدَرَ …를 발표하였다, …를 공포하였다
جيل مُقْبِل (ج أَجْيال مقبلة)	차세대, 다음 세대
يَرِثُ (وَرْث، وِراثة)	상속받다, 물려받다
تَحَدٍّ (ج تحدّيات)	도전 과제
في ظلّ...	…하에
التغيّر المناخيّ	기후 변화
شَحّ	부족, 인색
تَقَاعُد	퇴직, 은퇴 참 مَعَاش التقاعد 퇴직연금, سنّ التقاعد 정년
يجتاح	휩쓸다, 쓸어버리다, 전멸시키다
الجزء الجنوبيّ من العالم	세계 남반구 참 نصف الكرة الجنوبيّ، النصف الجنوبيّ من الكرة الأرضيّة 참 남반구에 저개발국이 많이 있고 북반구에 선진국이 많이 있다. 경제에서 남북문제란 북반구의 선진국과 남반구의 저개발국가의 빈부격차문제를 의미한다.
بأَقَلّ من دولارٍ في اليوم	하루 1달러 미만으로 참 ١٠٠ كم في الساعة 시속 100km
يحصل على التعليم	교육을 받다 (= يتلقّى التعليم)

어휘와 표현 연구

غَيْرُ مُخَوَّلٍ بـ...	...의 권한을 부여 받지 않은, …가 허가되지 않은 문 خَوَّلَ 의 수동 분사
توصية	추천, 추천서; 권고사항
مدير تنفيذيّ (ج مُدَراءُ تنفيذيّون)	최고경영자(Chief Executive Officer, CEO) 참 미국에서 처음 생긴 개념으로, 보통 대표이사와 같은 뜻으로 쓰인다.
قضاء على...	…를 청산, …을 척결, …을 퇴치
تأمين (ج ـات)	보증, 보장, 담보; 보험
غَيْرُ قادِرٍ على...	…를 할수 없는, …할 능력이 없는
توقيع اسم	서명, 이름을 씀, 이름을 적음

أمّا التحدّي الثالث الذي أكّد المشاركون أنّه يهدّد العالم خلال السنوات المقبلة، فهو التغيّر المناخي الذي يفاقم أزمات المياه والغذاء والطاقة حول العالم، وينتج نوعًا آخَرَ من الصراعات غير النزاعات السياسية على الحدود، التي اجتاحت أجزاءً كثيرةً من العالم خلال المرحلة الماضية.

ورغم الصورة المتشائمة فقد توقّع المشاركون في المنتدى خلال أيّامه الخمسة، أن تتدخّل "صناديقُ ثروات سيادية" من الجزء الجنوبي من العالم راكمت أموالًا نتيجةَ الارتفاع القياسي لأسعار النفط، لتنتشل الاقتصاد العالمي من مرحلة ركود متوقّعة، ولتحوّل توازن الثروات من الشمال إلى الجنوب.

وطالب منتدى دافوس مجتمعَ الأعمال حول العالم، بالضغط على حكوماتهم من أجل التوصّل إلى نتائجَ عمليةٍ لتعزيز التجارة في جولة الدوحة المقبلة المقرَّرة في نيسان المقبل، حتّى لا يتعرّض العالم لزيادة في الحواجز التجارية بين الدول.

وأشار بيان صدر عن المنتدى أنّه "إذا لَمْ يُحْسَمِ الأمرُ في الدورة المقبلة فإنّه لن يُحْسَمَ أبدًا."

س ٣) ما تأثيرات التغيّر المناخيّ؟

س ٤) كيف راكمتِ الدولُ الأموالَ في الجزء الجنوبيّ من العالم ؟

어휘와 표현 연구

هَدَّدَ ... (بـ ~)	…를 (~로) 위협했다 (= تَهَدَّدَ)
يُفاقِمُ	악화시키다, 격화시키다 ⓑ يَتَفَاقَمُ 악화되다, 격화되다
غِذاء (ج أَغْذِية)	음식물, 식품, 식량; 영양분
نوع آخر من الصراعات	다른 종류의 분쟁
حَدّ (ج حُدود)	한계, 경계, 끝; 국경; 칼날
مُتَشائِم	비관적인, 비관주의적인
صناديقُ ثَرَواتٍ سياديّةٍ	국부 펀드(Sovereign Wealth Fund, SWF) ⓒ 국부펀드는 정부나 정부 소유 기관에서 운영하는 기금을 말한다. 국부펀드는 주식, 채권, 재산과 다른 금융상품으로 구성된다.
رَاكَمَ	쌓았다, 축적하였다 ⓑ تَرَاكَمَ 쌓였다, 축적되었다
نتيجةَ الارتفاعِ	상승 결과로 (= نتيجةً للارتفاع، ينتج عن الارتفاع)
ينتشل... من ~	…을 ~부터 구출하다, 구원하다
من الشمال إلى الجنوب	북에서 남으로 (북반구에서 남반구로, 선진국에서 저개발국으로)
مجتمع الأعمال	비지니스 계, 경제계
عمليّ	실무적인, 실용적인
جولة الدوحة	도하 라운드
مقرّر	…이 예정되어 있는 (= مُزْمَع), …이 결정된 ⓒ الاجتماعُ المقرَّرُ عقدُهُ غدا 내일 개최 예정인 회의
يَحْسِمُ	베다, 잘라내다; 해결하다, 바로잡다
إذا لم يُحْسَمِ الْأمْرُ في الدورة المقبلة فإنّه لن يُحْسَمَ أبدًا.	다음 회기에서 그 문제가 해결되지 않으면 영원히 해결되지 않을 것이다.
دورة	회전, 순환; 기, 주기; 차례, 순서

경제용어

(balance of payments) ميزان المدفوعات	국제수지(경상계정수지+자본계정수지)
فائض في ميزان المدفوعات	국제수지 흑자
عجز في ميزان المدفوعات	국제수지 적자
(current account) ميزان الحساب الجاري	경상수지 (무역수지+무역외수지+이전수지)
(capital account) ميزان حساب رأس المال	자본수지(장기자본+단기자본)
(trade balance) الميزان التجاري	무역수지
(balance of invisible trade) ميزان الخدمات	무역외수지
(balance of transfer) ميزان التحويلات	이전수지
رؤوس الأموال الطويلة الأجل	장기자본(1년 이상의 거래)
رؤوس الأموال القصيرة الأجل	단기자본

4

مَصرف كوريا المركزي يرفع سعر الفائدة بربع نقطة مئوية

رفع مصرفُ كوريا المركزي سعرَ الفائدة بمقدار ربعِ نقطةٍ مئويةٍ إلى ٥.٢٥ % في ضوء تحذيرات المصرف من مخاطر التضخّم على الاقتصاد الكوري، حيث وصل في حادِيَ عَشَرَ أَكْبَرِ اقْتِصادٍ بالعالم إلى أعْلَى مِن المستوى المُسْتَهْدَفِ من جانب المصرف وهو ١%. وقال المصرف إنّ المخاطرَ المُحْدِقَةَ بالتضخّم في الأجَل المتوسِّط ما زالت متصاعدة.

يُشَارُ إلى أنّ هذه الزيادة هي الثالثة في كوريا خلال عام، وهو ما يُثير المخاوف بشأن التداعيات السلبية لذلك على أسعار المنازل التي بدأت في التراجع بالفعل بعد سنوات الازدهار السابقة. وقد يواجه أكثرُ من نصف مليون من أصحاب المنازل زيادةً كبيرةً في مدفوعات الرهون العقارية مع انتهاء أجَل اتّفاقات لمدّة عامين أُبْرِمَتْ عام ٢٠٠٦ بأسعار فائدة ثابتة عندما كان سعرُ الفائدة ٤.٥%. ويُشار إلى أنّ أسعارَ المنازل تصعد وتهبط عكسيًا مع أسعار الفائدة حيث ترتفع أسعار العقارات كلّما انخفض سعر الفائدة نظرًا لانخفاض تكلفة التمويل العقاري لمشتريات الأسر من العقارات.

س ١) لماذا رفع مصرف كوريا سعر الفائدة؟

س ٢) هل ترتفع أسعار العقارات مع ارتفاع سعر الفائدة؟

어휘와 표현 연구

مَصْرِف كوريا المركزيّ	한국은행
رُبْع نُقْطةٍ مِئَوِيّةٍ	0.25 퍼센트 포인트 ㊟ 금리는 퍼센트 포인트(percentage point)로 표시한다.
بِمِقْدارِ...	…만큼, …정도
في ضَوْءِ...	…에 비추어서, …에 견지에서, …로 미루어보아
مَخاطِرُ	(복) 위험 (복수형태로만 사용) (=أخْطار)
تَضَخُّم	인플레이션, 물가인상, 통화팽창
رُكود تَضَخُّميّ	경기침체하의 인플레이션, 스태그 플레이션
حادِيَ عَشَرَ أَكْبَرِ اقْتِصادٍ بالعالم	세계 11위 경제 대국 ㊫ 서수 + 최상급 형태(비교급+비한정 단수 명사)
مُسْتَهْدَف	목표로 한
مُحْدِق بـ...	…를 둘러싼, 포위하는 ㊟ خَطَر مُحْدِق 사면초가
أَجَل	기간, 시기 ㊟ أَجَل قَصير 단기/ أَجَل مُتَوَسِّط 중기/ أَجَل طَويل 장기
متصاعِد	점진적으로 올라가는, 상승하는
يُشارُ إلى أنّ...	…는 지적할만하다, 지적할 만한 사실은 …이다 ㊥ يَجْدُرُ الذِّكْرُ أَنْ ...، يُذْكَرُ أَنَّ... (…는 언급할만하다)
تَداعيات سَلْبيّة	부정적인 영향
تَراجُع	물러섬, 후퇴, 퇴보, 감소
يُواجِهُ زِيادةً كَبيرةً	큰 폭으로 증가하다, 크게 증가하다 (= يَشْهَدُ زِيادةً كَبيرةً)
مَدْفوعات	(복) 지불금, 납부금
رَهْنٌ (ج رُهون، رِهان)	저당, 저당물, 담보
عَقاريّ	부동산의
مَدْفوعات الرُهونِ الْعَقاريّةِ	부동산 담보(대출금) 지불금 ㊟ أزمة الرهون(القروض) العقاريّة في الولايات المتّحدة 미 서브프라임 모기지 사태

어휘와 표현 연구

أَجَل اتِّفاقاتٍ	협정기간, 계약기간
أُبْرِمَ	(협정이) 체결되었다, 비준되었다
بأسعارِ فائدةٍ ثابتةٍ	고정 금리로
عِنْدَما...	…때, (시간 부사 뒤에 올 때) 그때, 그 당시 (= حينما...)
عِنْدَما كانَ سِعْرُ الفائدةِ ٤.٥%	금리가 4.5%였을 때
ترتفع أسعارُ العَقارات كُلَّما انخفض سعرُ الفائدة.	금리가 내려갈수록 부동산 가격이 오른다. ㉿ كلّما는 완료동사와 함께 사용되는 것이 원칙이다. كُلَّما +완료동사(…하면 할수록) 완료동사(… 하다)

وكان أغلبُ الاقتصاديين قد توقّعوا رفع سعر الفائدة لأنّ أربعة من أعضاء لجنة السياسة النقدية السبعة من بينهم محافظ المصرف المركزي لي سونغ تي كانوا يريدون رفع سعر الفائدة الشهر الماضي بسبب المخاوف من تزايد الضغوط التضخّمية.

من ناحية أخرى، ارتفع اليورو الأوروبي مقابلَ الين الياباني إلى مستوى قياسي مُنْخَفِضِ العائِدَةِ اليوم الخميس فيما عزاه متعاملون إلى الإقبال على بيع الين مقابل عملات أخرى مرتفعة العائدة قبل أن يُصْدِر المصرف المركزي الأوروبي قرارَهُ بشأن أسعار الفائدة.

ويترقّب المتعاملون قرار المصرف ومؤتمرًا صحفيًا يَعْقِدُهُ رئيسُه بحثا عن أيّ مؤشّرات على توقيت رفع الفائدة.

وقال متعامل "أعتقد أنّه من الصعب أن نجد مَنْ يعتقدون أنّ صفقات الاقتراض في الين للاستثمار في عملات ذات عائدة مرتفعة ستتوقّف في الصيف... وما دَامَ الناس يفعلون ذلك ولا يشير مصرف اليابان المركزي بوضوح إلى أنّ أسعار الفائدة سترتفع. وأعتقد أنّنا سنشهد المزيد في هذا الاتجاه. وقد نشهد بلوغ اليورو ١٧٥ ينا بسرعة.

س ٣) ما سبب ارتفاع اليورو الأوروبيّ مقابلَ الين اليابانيّ حسبَ المتعاملين؟

س ٤) هل يعتقد الناس أنّ صفقات الاقتراض في الين للاستثمار ستتوقّف في القريب؟

어휘와 표현 연구

لجنةُ السِياسةِ النَقْديّةِ	금융통화위원회(Monetary Policy Committee) 참 통화신용정책 수립 및 한국은행의 운영에 관한 주요사항을 결정하는 정책결정기구
ضغوط تضخّميّة	인플레이션 압박
اليورو الأوروبيّ مقابلَ الين اليابانيّ	엔화 대비 유로화
قِياسيّ	표준의; 기록적인 참 رَقْم قِياسيّ 최고 기록, 신기록
عائدة (ج عَوائدُ)	이익, 수익, 이윤
مُسْتَوَى قِياسِيّ مُنْخَفِض العائدة	최저 이익(수익) 수준
عزا... إلى ~	(u) …의 이유를 ~로 보았다, …를 ~에 귀착 · 귀결시켰다, 관계시켰다 (= أرجع ... إلى ~) 문 يُعْزَى هذا إلى... 종종 수동형태로 사용되어 '이는 …로 인한 것이다, 이는 …때문이다'를 뜻한다
مُتعامِل	거래자
الإقْبال على بَيْعِ الين	엔 매도세
يُصْدِرُ قرارًا بِشَأْنِ...	…에 관한 결정안을 발표하다
يتَرَقَّبُ	기다리다, 기대하다
من الصَّعْبِ أنْ...	…는 어렵다 (↔ من السَّهْلِ أنْ...)
مُؤَشِّر (ج ـات)	지표, 지침, 지수
تَوْقيت رَفْعِ الفائدة	금리(이율) 인상 시기(타이밍)
صَفْقة (ج صَفَقات)	거래; 계약
صَفَقات الاقْتِراضِ في الين للاسْتِثْمار	엔 캐리 트레이드(Yen Carry Trade) 참 캐리 트레이드란 투자자가 저금리 국가에서 돈을 빌려 상대적으로 금리가 높은 나라의 주식이나 채권 등에 투자하는 거래
عُمْلات ذات عائدة مُرْتَفِعة	고수익 통화
ما دامَ...	…하는 한
ما دامَ الناسُ يفعلون ذلك	사람들이 그렇게 하는 한
مَزيد مِنْ...	더 많은…

보충심화학습

시제

كان كتبَ كتابًا.	١-	그는 책을 썼었다.(대과거)
كان قد كتبَ كتابًا.	٢-	그는 책을 막 썼었다, 책을 바로 전에 쓴 바 있다. (대과거와 과거 사이로 과거시제보다 바로 앞선 시점을 표현한다)
كتبَ كتابًا.	٣-	그는 책을 썼다.(과거)
كان يكتبُ كتابًا.	٤-	그는 책을 쓰곤 했다. 책을 써왔다.
كان سيكتبُ كتابًا.	٥-	그는 책을 쓰려고 했었다.
قد كتبَ كتابًا.	٦-	그는 막 책을 썼다. 방금 책을 썼다.(과거와 현재 사이)
يكتبُ كتابًا.	٧-	그는 책을 쓰고 있다.(현재)
يكون يكتبُ كتابًا.	٨-	그는 책을 써오고 있는 중이다. 그는 계속 책을 쓰고 있다.
سيكون قد كتب كتابًا.	٩-	(그때 즈음에는) 그가 책을 썼을(책 쓰기를 마쳤을) 것이다.
سيكتبُ كتابًا.	١٠-	그는 책을 쓸 것이다.(미래)

증시

1

تراجع الأسواق المالية العالمية يَزيد الاكتتابات العامّة في الخليج

أكّد خبراء ماليون أمس أنّ الرغبةَ في طرح مزيدٍ من الاكتتابات العامّة في أسواق الشرق الأوسط، آخذةٌ في التزايد في ظل تواصل حالة التراجع الاقتصادي التي تشهدها الأسواق المالية الغربية، وتوقّعوا أنْ تُسهم التشريعات الفدرالية الجديدة في دولة الإمارات، في جذب مزيد من هذه الاكتتابات. وأشار الخبراء إلى أنّ الأسواق الخليجية تجني حاليًا الفوائد المترتِّبة على ارتفاع أسعار النفط، التي ساهمت في تحقيق نمو قوي خلال السنوات الستّ الماضية. وتَستثمر هذه العوائدَ في دعم البنية التحتية وقطاع العقارات والصناعة ما يُسهم في دفع عجلة النموّ الاقتصادي الذي تَعْكِسُهُ الزيادةُ الملحوظة والمتنامية من الشركات المُدْرَجة في أسواق البورصة.

وتوقّعوا أن تلجأ الشركات الخليجية إلى بيع ما يتجاوز عشرة بلايين دولار من الأسهم خلال السنوات الثلاث المقبلة، وأن يتركّز الإقبال على الشركات التي تتمتّع بقيمة مالية جيدة ومجال تخصّص متميّز، خصوصًا المؤسّسات المالية المَبْنِيَّةِ على الأسس الإسلامية.

س ١) لماذا تجني الأسواق الخليجية مزيدا من الفوائد؟

س ٢) ماذا يعكس العدد المتزايد من الشركات المدرجة في أسواق البورصة؟

어휘와 표현 연구

اكْتِتاب عامّ (ج اكتتابات عامّة)	주식공개상장(Initial Public Offering, IPO) (= إصدارات عامّة أوّلية)
طَرْح مزيدٍ من الاكتتابات العامّة	더 많은 공개상장을 제출
آخذ في التزايد	점증하기 시작하다
يُسْهِمُ فِي...	…에 기여하다, …에 한 몫하다 (= يُساهِمُ في...)
تَشْريعات فدراليّة جديدة	새로운 연방 법령
جَذْب	잡아당김, 유인, 유치 (= استقطاب)
يَجْني الفَوائدَ	이익을 얻다 예 يجني المالَ 돈을 벌다
مترتِّب على...	…로부터 (결과가)초래된, 도출된, 발생한 (= ناتِج عَنْ(مِنْ)...، ناجِم عَنْ...)
خِلالَ السَنَواتِ الستِّ الماضِيةِ	지난 6년 동안 (= خِلالَ السِّتِّ سَنَواتٍ الماضِيَةِ)
دَفْع عجلةِ النموّ الاقتصاديّ	경제 발전에 박차를 가함, 경제를 발전시킴
متنامٍ	점차 커지는, 점차 성장하는 문 المتنامي: 비한정 상태에서 تنوين العوض로 대체되었던 약자음 ي가 한정 상태에서는 나타난다.
أدْرَجَ... في ~	…를 ~에 포함시켰다, 넣었다
الشركات المُدْرَجة في أسواق البورصة	(증시) 상장 기업
يَلْجَأُ إلى...	…에 의거하다, 매달리다, …할 수밖에 없다 (= يُضْطَرُّ إلى...)
يتجاوز...	…를 넘다, 초월하다 (= يَتَخَطَّى...، يَزِيدُ عَنْ...)
إقْبال	관심, 흥미, 호응
يتركّز على...	…에 집중되다
مَبْنِيٌّ على...	…에 기초한, 세워진

보충심화학습

증시용어

거래 주식수	عدد الأسهم المتداولة
총거래량	حجم التداول الإجمالي
시가와 종가	سعر الفتح وسعر الإقفال
주식 투자	الاستثمار في الأسهم
자본금	رأس المال (ج رؤوس الأموال)
유가증권	الأوراق المالية
국 · 공채	السندات الحكومية
미국 국채	سندات الخزانة الأمريكية

وتستعدّ الدول الخليجية لإصدار تشريعات تُشَجِّعُ الشركاتِ العائلية على طرح جزء من أسهم شركاتها للاكتتاب العامّ. فتوقّعت أنْ تساهم التشريعات الجديدة، التي ستُصْدَرُ في الإمارات وتشمل خفض الحدّ الأدنى لقيمة الأسهم التي يجب أنْ تبيعها الشركاتُ، من ٥٥ إلى ٣٠ في المئة، في تسهيل الاكتتاب على أصحاب الشركات وحقّها في الاحتفاظ بالغالبية من أسهم شركاتهم.

واُعْتُبِرَ أنّ الخطوة تقود إلى تنامي ظاهرة الإصدارات الأوّلية الجديدة مِنْ قِبَلِ الشركات العائلية التي تسعى إلى توفير التمويل، لكنّها تتردّد في التخلّي عن دور السيطرة.

وتُفيد دوائرُ اقتصادية بأنّ الشهور المقبلة ستفرض على أصحاب هذه الشركات، التي اعتادت على العمل من دونِ منافسةٍ، خياراتٍ صعبةً، فيُضْطَرُّون إمّا إلى الاندماج أو إلى طرح جزء من شركاتهم في أسواق الأسهم للحصول على سيولة كافية لتطوير مؤسَّساتهم، بما يساعدها لتكون مُؤَهَّلةً لمنافسة الشركات العالمية العملاقة.

س ٣) ماذا ستصدر الإمارات العربيّة المتّحدة ولماذا؟

س ٤) إلى ماذا يضطّر أصحابُ الشركات العائلية في الشهور المقبلة؟

어휘와 표현 연구

الشركات العائليّة	가족기업, 동족회사(Family Company) ㊟ Family Company란 친족이나 사용인 등과 같이 특별한 이해관계가 있는 사람들이 동일회사 또는 동계회사의 주식의 대부분을 소유하고 있는 회사를 말하며, 동족회사라고도 한다. 외부의 제3자가 회사에 개입되는 것을 방지하고, 출자와 경영의 합일을 유지하고 있는 형태이다. 따라서 형식적으로는 주식회사의 성격을 띄고 주식회사의 본질인 사회성이나 공개주의를 무시하고 개인기업과 같은 성격을 띤 회사라 할 수 있다.
يُشَجِّعُ... على ~	…를 ~하도록 격려하다, 고무시키다
جُزْءٌ من أَسْهُمِ الشَرِكات	회사 주식의 일부
الحَدّ الأَدْنَى لقِيمة الأَسْهُمِ	주식가격의 최저한도, 최저치
غالبيّة	다수, 대부분
حَقّ في...	…할 권리
الحقّ في الاحْتِفاظِ بالغالبيّة مِنْ أَسْهُمِ الشركات	회사 주식의 과반을 유지할 권리
يَقود إلى...	…로 이끌다, …결과를 가져오다 (= يُؤَدّي إلى...)
تَوْفير التَمْويل	자금 확보
يَتَرَدَّدُ في...	…에 망설이다, 주저하다 ㊎ أصوات متردِّدة 부동(浮動)표
تَخَلٍّ عن... التخلّي عن...	…를 포기, 그만둠, 양보함 ㊔ 비한정 상태에서 생략되었던 약자음 ي가 한정상태에서 나타난다.
دور السيطرة	지배역할
دوائرُ اقتصاديّة	경제계 (= أوْساط اقتصاديّة)
يَفْرِضُ ... على ~	~에게 …를 부과하다, 강요하다
صَاحِب الشركة (ج أصحاب الشركات)	사주 (= ربّ الشركة) ㊎ صَاحِبُ الأَسْهُمِ 주주
اعتاد على...	…에 습관이 됐다, 익숙해졌다
العمل من دونِ منافسة	경쟁 없이 일하는 것

어휘와 표현 연구

اضْطَرَّ... إلى ~	…를 ~하도록 강요했다, ~하게끔 했다
أُضْطُرَّ إلى ...	뮨 ضَرّ 의 VIII형 수동태 부득이 (할 수 없이) … 해야 한다
يُضْطَرُّونَ إلى الاندماج	(그들은) 합병해야만 한다
إمّا... أو ~	…아니면 ~이다
سُيولة	(자금)흐름, 유동(량), 공급(량)
لتكون مُؤَهَّلَةً لمنافسة...	(기업들)이 …와 경쟁 할 수 있게, 경쟁이 가능하도록 (= لتكونَ قادرةً على منافسة)
عِمْلاق	거대한
الشركات العالميّة العملاقة	세계적인 거대 기업

보충심화학습

회사종류

주식회사	الشركة المساهمة، الشركة المحدودة	유한책임회사	الشركة ذات المسؤولية المحدودة (الشركة ذ.م.م.)
합자회사	الشركة المحاصّة		
지주회사	الشركة القابضة	합작회사	الشركة المشتركة

2

أزمة أمريكية تعصف بالبورصات العالمية

عصفت رياحُ أزمة الانكماش التي يعيشها الاقتصادُ الأمريكي بأسواق العالم، مُحْدِثةً تراجعا حادًا في البورصات من طوكيو إلى باريس وهونغ كونغ، لم تَسْلَمْ منه أيضًا أسواقُ المال في دول الخليج الغنية بالنفط، فيما ذهب وزراء المالية الأوروبيّون إلى الطمأنة غير المبنية على أسس أكيدة بأنّ هذه الرياح الأمريكية لن تعصف باقتصاداتهم.

ودفعت هذه الأوضاع الاستثنائية بمجلس الاحتياطي الاتّحادي الأمريكي إلى خفض سعر الفائدة الأساسية بثلاثة أرباع نقطة مئوية دفعةً واحدةً، في خطوة غير عادية لدعم اقتصادهم الضعيف ومواجهة الاضطرابات المتزايدة في أسواق المال العالمية. ورفض البيت الأبيض الثلاثاء التعليق على تراجع البورصات العالمية مُؤَكِّدًا أنّه لا يتوقّع انكماشا اقتصاديا في الولايات المتّحدة.

وفي أعقاب قرار مجلس الاحتياطي الاتّحادي بخفض سعر الفائدة، انخفضت أسعار الخام الأمريكي الخفيف في المعاملات الآجلة، فيما لم تتأثّر الأسهمُ الأمريكية عند الفتح في وول ستريت اليوم الثلاثاء، إذ سارع المستثمرون إلى بيع الأسهم.

س ١) لماذا خفض مجلس الاحتياطي الاتّحادي الأمريكي سعر الفائدة الأساسية؟

س ٢) ماذا حدث في أعقاب قرار مجلس الاحتياطي الاتّحادي الأمريكي بخفض سعر الفائدة؟

어휘와 표현 연구

يَعْصِفُ بـ...	…를 휩쓸어가다, …를 휩쓸다
بورْصة الأوْراق الماليّة	증권거래소 (= بورصة الأسهم) 참 بورصة نيويورك للتجارة 뉴욕상업거래소(New York Mercantile Exchange, NYMEX) بورصة البترول الدوليّة في لندن 런던국제석유거래소 بورصة العقود الآجلة في لندن 런던선물거래소
أَزْمة الانْكِماش التي يَعيشُها	(미국경제)가 겪고 있는 경기침체(통화 수축) 위기 (= أزمة الانكماش التي يُعاني منها)
مُحْدِثةً تراجُعا حادًا	문 أحْدَثَ 의 능동분사 형태로 상태문이다. (증시)에 큰 폭의 내림세를 기록하면서
حادّ	날카로운, 예리한, 가파른, 신경질적인
يَسْلَمُ مِنْ...	…부터 안전하다, 무사하다, 살아나다
ذَهَبَ إلى...	(a) … 라고 생각하였다, 보았다, 견해를 갖고 있었다; …로 가다
طَمْأنة	안심, 안도감
أَساس (ج أُسُس، أَساسات)	토대, 기초; 근거, 원인, 이유
طَمْأنة غير مَبْنِيَةٍ على أسُسٍ أكيدةٍ	분명한 근거 없이 안도함
دَفَعَ بـ... إلى ~	(a) …를 ~로 밀었다, 추동하였다
مجلس الاحتياطي الاتّحادي الأمريكي	미국연방준비제도 이사회(미국 중앙 은행) (= مجلس الاحتياطي الفدرالي الأمريكي)
دَفْعة (ج دَفَعات)	한번 미는 것, 한번, 한 회분
خُطْوة غَير عَادِيةٍ	이례적인 조치
اضْطِرابات مُتَزايِدة	점증하는 혼란, 불안 문 ضَرَبَ 동사의 VIII형 동명사
تَعْليق على...	…에 대한 설명, 주석, 독해, 논평 참 يعلّق الآمالَ على... …에 희망을 걸다
في أَعْقاب...	…직후에
(النِفْط) الخَام الخَفيف	경유 참 النفط الثَقيل، الخام الثقيل 중유

어휘와 표현 연구

آجِل 연기된, 지연된, 늦은; 미래의

مُعامَلات آجِلة 선물거래 ㉾ عقود آجلة (선물 계약)

سارَعَ إلى... 서둘러 …하였다, 앞 다투어 …하였다

보충심화학습

증시 용어

صافي المبيعات 순매도

صافي المشتريات 순매수

العقود الآجلة 선물거래

عقود الخيارات 옵션거래

وكانت الأسواق المالية الأمريكية مُغْلَقةً الاثنين بسبب عطلة رسمية ولكنَّ ردَّ فعل الأسواق في أَماكِنَ أخرى من العالم كان سلبيًا. ويسود قلقٌ من أنّ تخفيض الضرائب وإجراءات تشجيع الإنفاق لن تكون كافيةً لتحفيز الإنفاق الاستهلاكي في الولايات المتّحدة، لأنّ المشاكل الاقتصادية الجذرية ستبقى موجودةً. وأدّى الركودُ في سوق الإقراض الائتماني لأصحاب التاريخ الائتماني المحدود أو المعدوم كلّيا وكذلك في قطاع الإقراض العقاري إلى الركود الحالي.
وسجّل مؤشّر داو جونز الصناعي لأسهم الشركات الأمريكية الكبرى انخفاضًا بـ ٤٤٢.٠٥ نقطة أي بنسبة ٣.٠٥ في المائة إلى ١١٤٥١.٦٣ نقطة فيما تراجع مؤشّر ستاندرد أند بورز الأوْسَع إلى ١٢٠٧.٠١ نقطة.
وهبط مؤشّر ناسداك المجمّع الذي تَغْلِبُ عليه أسهمُ شركات التكنولوجيا بـ ٩٨.٠٠ نقطةً أي ٥ في المئة إلى ٢٢١٣.٠٢ نقطة. وكان أكثر المؤشّرات هبوطًا في آسيا هو مؤشّر كوسبي لبورصة كوريا الجنوبية الذي تراجع بنسبة ٤.٢ في المئة.

س ٣) لماذا حدث الركود الاقتصادي الأمريكي الحالي؟

س ٤) ما أكثر المؤشرات هبوطا في آسيا؟

어휘와 표현 연구

مُغْلَق	닫혀진, 마감된, 폐장된 예 أَغْلَقَ المصنعُ بابَهُ 공장은 문을 닫았다.
عطلة رسميّة	공휴일
ردّ فِعْلٍ (على...) (ج رُدود أفْعالٍ)	(…에) 대한 반응
سَلْبيّ	부정적인 (↔ إيجابيّ)
يَسودُ	지배하다, 통치하다, 압도하다; 팽배하다
قَلَق من...	…대한 근심, 걱정
إجراءات تشجيع الإنفاق	소비(지출) 장려 대책
كافٍ لـ...	…에 충분한
تحفيز الإنفاق الاستهلاكيّ	소비 지출 촉진(장려, 부추김)
جِذْريّ	근본적인, 기초적인
إقْراض ائْتِمانيّ	신용 대출
مَحْدود	제한된, 국한된, 협소한; 부족한, 결여된 참 محدود الدخل 수입이 적은, 저소득의
أصحاب التاريخ الائتمانيّ المحدود	낮은 신용 등급자, 최하 신용 등급자
مَعْدوم	존재하지 않는, 없는 참 معدوم القيمة 가치없는, الدُيون المعدومة 부실 채권
أصحاب التاريخ الائتمانيّ المعدوم كليا	무신용자
إقْراض عَقاريّ	부동산 대출
مؤشّر داو جونز الصناعي	다우존스 공업평균지수(Dow Jones industrial average)
مؤشّر ستاندرد أند بورز الأَوْسَع	S&P 500 지수(Standard & Poor's 500 index)
مؤشّر ناسداك المُجَمَّع	나스닥 종합지수(NASDAQ) 참 나스닥 종합지수는 1971년 2월 8일 첫 거래가 시작된 미국의 장외주식시장이다. 다우존스 지수, S&P500 지수, 나스닥 종합지수가 뉴욕증시의 3대 주가지수에 속한다.
مؤشّر كوسبي لبورصة كوريا الجنوبيّة	한국증시 코스피지수
يَغْلِبُ على...	…에 우세하다, …를 압도하다, …의 대부분을 차지하다

보충심화학습

소수 읽기

	전치사 مِنْ를 사용하는 방법	소수점 فاصِل을 사용하는 방법
0.1	واحد من عشرة	صفر فاصل واحد
0.07	سبعة من مائة	صفر فاصل صفر سبعة
0.55	خمسة وخمسون من مائة	صفر فاصل خمسة وخمسون
0.143	مائة وثلاثة وأربعون من ألف	صفر فاصل مائة وثلاثة وأربعون
0.043	ثلاثة وأربعون من ألف	صفر فاصل صفر ثلاثة وأربعون
21.0649	واحد وعشرون وستمائة وتسعة وأربعون من عشرة آلاف	واحد وعشرون فاصل صفر ستمائة وتسعة وأربعون

FTA

1

سيول تواجه آثارَ اتّفاقيةٍ للتجارة الحرّة مع أمريكا

قالت الحكومة الكورية اليوم الجمعة إنّها ستُنْفِقُ أكثر من ١٣٠ تريليون وون أي يعادل ١٤٠.٣ مليار دولار حتّى عام ٢٠١٣ لتعويض الخسائر التي ستتكبّدها المزارع والمصايد السمكية من جرّاء اتّفاقية للتجارة الحرّة مع الولايات المتّحدة. ووقّع مسؤولون تجاريون من كوريا الجنوبية والولايات المتّحدة اتّفاقية للتجارة الحرّة توصّل إليها الجانبان في ٢ نيسان عام ٢٠٠٧ بعد ١٤ شهرا من المفاوضات.

وتقول دراسات إنّ اتّفاقية التجارة الحرّة بين الولايات المتّحدة وكوريا الجنوبية ستُضيف ٢٠ مليار دولار إلى حجم التبادل التجاري بين البلدين البالغ حاليا ٧٠ مليار دولار سنويا وذلك رغم تغييرات طالبت بها واشنطن في اللحظة الأخيرة. وسيُسْتَخْدَمُ جزءٌ من المساعدات في تعويض ٨٥ بالمائة من الخسائر التي سيتكبّدها المزارعون عند فتح الأسواق أمام البضائع الأمريكية وتشجيعهم على ترك العمل في مجال الزراعة من خلال تزويدهم بما يوازي دخل ثلاث سنوات.

س ١) لماذا ستتكبّد المزارع والمصايد السمكيّة الكوريّة خسائرَ؟

س ٢) كم حجم التبادل التجاريّ بين كوريا والولايات المتّحدة بعد سَرَيان اتّفاقيّة التجارة الحرّة؟

어휘와 표현 연구

اتّفاقيّة تجارة حرّة	자유무역협정(Free Trade Agreement)
اليومَ الجمعةَ	오늘 금요일 ㊀ 동격 ㊂ غدا السبتَ 내일 토요일 / أمسِ الخَميس 어제 목요일
يُنْفِق	…를 소비하다, 탕진하다
يُعادِلُ...	…와 같다, …에 동등하다, …에 상당하다 (= يُوازِي، يُساوِي)
تَعْويض الخَسائر	손해 배상(보상)
يَتَكَبَّدُ	(손실 등을) 당하다, 겪다, 입다 ㊁ يُكَبِّدُ... خَسائرَ(أضْرارا) …에게 (손실을)끼치다, 입히다 يُلْحِقُ خَسائرَ(أضْرارا) بـ... …에게 손실을 입히다, 당하게 하다
مَزْرَعة (ج مَزارِعُ)	농장, 농가
مَصْيَدة (ج مَصايِدُ)	사냥터, 수렵장
المصايد السمكية	어장, 어업농가(= مَصْيَدةُ الأسماك) ㊂ مَزارِع الدواجِن 가금농가, 양계농가
مِنْ جَرّاء...	…때문에, …로 인하여
وَقَّعَ...	…를 서명했다
يُضِيفُ... إلى ~	…를 ~에 첨가하다, 첨부하다, 추가하다, 덧붙이다
حجم التبادل التجاريّ	교역규모, 무역교류 규모 ㊂ تبادل الزيارات 인적교류
الحَجْمُ البالِغُ حاليّا ٧٠ مليارا سنويّا	현재 연간700억 달러에 이르는 규모 ㊀ البالِغ 능동분사 (= الحجمُ الذي يَبْلُغُ...) 능동분사가 형용사로 쓰일 때 수식하는 명사의 성.수.격.한정상태에 일치한다.
يُطالِبُ... بـ ~	…에게 ~를 요구했다 ㊁ طلب ~ من... …에게 ~을 요구했다
يُسْتَخْدَمُ في...	…에 사용되다
مُزارِع	경작자, 농부

어휘와 표현 연구

فَتْحُ الأسواقِ أمامَ...	…에 대한 시장 개방 참 فتح السوق أمامَ لُحومِ البَقَرِ الأمريكيّة 미국산 소고기에 대한 시장개방
تَرْك العمل	일을 그만둠, 일을 떠남
تزويدهم بما يُوَازِي دخلَ ثلاثِ سنواتٍ	3년분의 소득에 상당하는 것을 그들에게 제공

보충심화학습

계약 관련 표현

صفقة	거래	deal	أفادت وسائل إعلام بإلغاء صفقة طائرات حربية روسية إلى سوريا.
عقد	계약	contract	وقّع المدير عقد بيع عقارات في القدس بـ ١٣٠ مليون دولار.
مناقصة	입찰	bidding	تعلن الإدارة العامة عن طرح مناقصة إنشاء ملحق دراسي.
مزايدة	경매	auction	تعلن وزارة العلوم والتكنولوجيا عن إجراء مزايدة علنية بموجب القانون.

كما ستَدْعَمُ الحكومة العملَ على تحسين الإنتاجية الزراعية وتشجيع التحوّل إلى زراعة محاصيلَ ذاتِ فائدةٍ أَعْلَى.

وقالت كوريا الجنوبية إنّها ستُنْفق تريليون وون أخرى خلال السنوات العشر المقبلة لتشجيع قطاع الصناعات الدوائية بالإضافة إلى مليارات الدولارات لمساعدة الصناعات التي ستتضرّر مِنْ جرّاء الصادرات الأمريكية. وسيول تعارض أيّ تعديل في اتّفاق التجارة مع واشنطن.

قال وزير التجارة الكوري كيم جونغ هون أمس "لا يحقّ للكونغرس الأمريكي أن يعدّل مضمونَ اتّفاقية التجارة الحرّة بين البلدين، وفقًا لصلاحية الإدارة الأمريكية لترويج التجارة سِوَى قَبولِها أو رفضِها كما هي".

وأضاف الوزير "لا يُمكن تقديرُ إجمالي الخسائر الناتجة من اتّفاقية التجارة الحرّة بين كوريا الجنوبية والولايات المتّحدة، لأنّ الأمر يحتاج إلى حسابات منفصلة، لكلّ مجال على حِدَةٍ".

س ٣) كم دولارا ستنفق الحكومة الكورية خلال السنوات العشر المقبلة ولماذا؟

س ٤) هل يمكن للكونغرس الأمريكي تعديل جزء من اتّفاقيّة التجارة الحرّة بين كوريا والولايات المتّحدة؟

어휘와 표현 연구

دَعَمَ	(a) 지지하다, 지원하다
إنتاجيّة زراعيّة	농업 생산성 ㉺ 일반 명사에 ـيَّة 를 붙여 '…성'을 뜻하는 인조동명사를 만든다. (p.27 보충심화 학습 참고) ㊟ رِبْحيّة 수익성/ استقلاليّة 독립성
محاصيل ذات عائدةٍ أعْلَى	고수익 농산물
قِطاع الصناعات الدَوائيّة	제약 산업 부문
مليارات الدولارات	수십억 달러 ㉺ 수십, 수백, 수천, … 뒤에는 한정 복수 명사가 온다.
وزير التجارة الكوريّ	한국 통상교섭본부장(Minister for Trade)
لا يحقّ للكونغرس الأمريكيّ أنْ...	미국 의회는 …할 권리가 없다, 자격이 없다 (= لا يحقّ للكونغرس الأمريكيّ في...)
الكونغرس الأمريكيّ	미국 의회 ㊟ البرلمان البريطانيّ 영국 국회 الجَمْعِيّة الوطنيّة الكوريّة 대한민국 국회 مجلس الشورى السعوديّ 사우디아라비아 의회 المجلس الشعبيّ الوطنيّ الجزائريّ 알제리 의회 مجلس الأمّة الكويتيّ 쿠웨이트 의회 الكنسيت الإسرائيليّ 이스라엘 의회(크네세트)
مَضْمُون (ج ـات، مَضَامِينُ)	의미, 내용 (= محتوى (ج ـات)) ㊟ المضامين الثقافيّة 문화 콘텐츠
صَلاحيّة الإدارة الأمريكيّة لترويج التجارة	미 행정부의 무역촉진권한(Trade Promotion Authority) ㊟ 의회가 행정부에 협상 전권을 부여한 채 협상 내용에는 일일이 관여하지 않고 나중에 합의문에 대해 찬반 투표만 실시하는 제도
قَبول	동의, 찬성; 수락, 수용
كما هي	(협정 내용) 그대로 (= كما هو)

어휘와 표현 연구

لا يحقّ أن يعدّل... سِوَى قَبولِها أو رَفْضِها كما هي	원안 그대로 수용하거나 거부하는 것 이외에 …를 수정할 권리가 없다. (= لا يحقّ أن يعدّل... إلاّ قبولِها أو رفضِها كما هي)
تقديرُ إجماليّ الخسائر	총 손실(손실액) 추정, 추산, 평가
الأمرُ يحتاج إلى...	그 일은 …를 필요로 하다 (= الأمر يكون بحاجة إلى...)
مُنْفَصِل	분리된, 분할된, 별개의
حسابات منفصلة	별도의 계산
على حِدةٍ	개별적으로, 따로 따로, 각각

보충심화학습

إجمالي 용례

الناتج المحلي الإجمالي	국내총생산	GDP
الناتج القومي الإجمالي	국민총생산	GNP
الناتج الإجمالي والناتج الصافي	총순산출	Gross and Net Output
إجمالي رأس المال المستخدم (=المستثمر)	총사용자본	Gross Capital Employed
الاستثمار الإجمالي	총투자	Gross Investment
الربح الإجمالي	총수익	Gross Profit

كوريا الجنوبية والاتّحاد الأوربي يستهلاّن محادثات اتّفاقية التجارة الحرّة

دخلت الجولة الأولى من مفاوضات ترمي إلى إبرام اتّفاقية تجارة حرّة بين كوريا الجنوبية والاتّحاد الأوروبي يومَها الأَوَّلَ وَسَطَ تصريح لكبير مفاوضي الاتّحاد الأوروبي بأنّ المحادثات فى حالة "طيّبة جدّا". وصرّح كبير مفاوضي الاتّحاد الأوروبي "بأنّ اجتماعات مجموعة العمل جارية حاليّا... ولكنّنا لم نبدأ مناقشة التفاصيل".

وذكرت وزارةُ الشؤون الخارجية والتجارة فى كوريا الجنوبية أنّ الجانبين بحثا اليوم إلغاء التعريفة على السلع والخدمات والاستثمارات، والرسوم الجمركية، وأنّ الاتّحاد الأوروبي طلب من كوريا الجنوبية تخفيفَ قواعد السلامة المفروضة على السيّارات وتعزيز الجهود لمكافحة السلع المزيَّفة وخاصة تلك التي تُضرّ بمبيعات العلامات التجارية الأوروبية الفاخرة مثل لويس فويتون ورولكس فى كوريا الجنوبية، بينما طلبت كوريا الجنوبية من الاتّحاد الأوروبي خفضَ التعريفة على السيّارات وأجهزة التلفزيون ذاتِ الشاشة المسطّحة وغيرها من السلع الصناعية فى وقت مبكّر وتخفيف قواعده البيئية.

س ١) ما أهمّ الموضوعين اللذين جرى بحثهما في المفاوضات؟

س ٢) ماذا طلبت كوريا الجنوبية من الاتّحاد الأوروبي؟

어휘와 표현 연구

يستهلّ	시작하다
دخل... يومَه الأوّل	…는 그 첫날을 시작하였다
الجولة الأولى من مفاوضات	第1차 협상 참 الجولة الخامسة من المحادثات النوويّة السداسيّة الأطراف : 第5차 6자 핵 회담
يَرْمي إلى...	…를 목표로 하다 (= يَهْدُفُ إلى...)
كَبير المُفاوِضين (ج كِبار المُفاوِضين)	협상대표, 협상 수석대표 예 كبير المسؤولين (ج كبار المسؤولين) 고위책임자
كبير مفاوضي الاتّحاد الأوروبيّ	유럽연합 협상 대표, 유럽연합 수석 대표 (= رئيس الوفد التجاريّ للاتّحاد الأوروبيّ) 참 كبير المفاوضين الأمريكيين 美 협상 수석대표
مجموعة العمل	실무 그룹 (= فريق العمل 실무팀), Task Force
جارٍ حاليّا	현재 진행중인; 현재 진행중이다
تَفْصِيل (ج تفاصيلُ)	자세한 서술, 세부사항 참 بتفاصيل 상세하게, 세부적으로
وزارة الشؤون الخارجية والتجارة	외교통상부(Ministry of Foreign Affairs and Trade)
سِلْعة (ج سِلَع)	상품 (= بِضاعَة)
إلغاءُ التَعْريفة على السلع، والخدمات، والاستثمارات	상품, 서비스, 투자에 대한 관세 철폐
رسم جمركيّ (ج رسوم جمركيّة)	관세 (= تَعْريفة جمركيّة)
تخفيفُ قواعدِ السلامة المفروضة على السيّارات	자동차에 부과된 안전기준 완화
تعزيز الجهود لمكافحة السلعِ المُزَيَّفةِ	위조 상품(짝퉁) 퇴치 노력 강화 참 مكافحة الفقر والجوع 빈곤과 기아 퇴치
مَبيعات	판매(Sales) 문 باعَ 의 수동분사 복수형태 참 تَسْويق 영업(Marketing)

어휘와 표현 연구

علامة تجاريّة	상표, 브랜드 참 شهادة تسجيل علامة تجاريّة 상표 등록증 العلامات التجارية الأوروبية الفاخرة 유럽 명품 브랜드
فاخر	럭셔리한, 고급의
مُسَطَّح	평평한, 반듯한, 평면의
أَجْهِزة التليفزيون ذات الشاشةِ المُسَطَّحةِ	평면 TV 참 (جهاز التليفزيون ج أجهزة التليفزيون)
فى وَقْتٍ مُبَكِّرٍ	이른 시기에, 일찍, 조기에
تخفيف قواعده البيئية	(EU의) 환경 기준 완화

ونقلت وكالة يونهاب للأنباء الكورية الجنوبية عن مسؤولين لم يذكروا أسماءَهم بوزارة التجارة قولَهم إنّه من غير المتوقّع أنْ تُضرّ الزراعة، التي تمثّل عقبةً رئيسية أمام اتّفاقية التجارة الحرّة بين كوريا الجنوبية والولايات المتّحدة، بالتقدّم نحو إبرام اتّفاقيّة تجارة حرّة مع الاتّحاد الأوروبي لأنّ الجانبين قد يُسْقِطانِ بعضَ العناصر الحسّاسة مثل الأرز ولحوم الأبقار من الاتّفاقية المقترحة، وأضاف أنّه من غير المُحْتَمَل طرحُ قضايا بما فيها الدخول إلى أسواق الإذاعة والتليفزيون والسينما على طاولة التفاوض. ويُعَدُّ الاتّحاد الأوروبي ثانيَ أكبرِ مقصِد لصادرات كوريا الجنوبية بعد الصين وأكبرَ مستثمرٍ أجنبيٍ فى كوريا الجنوبية.
وجدير بالذكر أنّ كوريا الجنوبية وقّعت اتّفاقيات تجارة حرّة ثنائية مع شيلي وسنغافورة ورابطة دول جنوب شرق آسيا ما عدا تايلاند. وتدفع من أجل إبرام اتّفاقية مع كندا وتستعدّ لإجراء دراسة جدوى ثانية حول إبرام اتّفاقية التجارة الحرّة مع الصين العامَ الحاليَ.

س ٣) ماذا يُعَرْقِلُ في التقدّم نحو اتّفاقية التجارة الحرّة بين كوريا الجنوبيّة والاتّحاد الأوروبي؟

س ٤) ما أكبر مقصد للصادرات الكورية وما أكبر مستثمر أجنبي في كوريا الجنوبية؟

어휘와 표현 연구

نَقَلَ عَنْهُ قَوْلَهُ إنّ...	그의 말을 인용하여 …라고 전했다
وكالة يونهاب للأنباء	연합통신 참 وكالة شينهوا للأنباء الصينية 중국 신화 통신
مسؤول لَمْ يَذْكُرْ اسمَهُ	이름을 밝히지 않은(익명의) 한 책임자 (= مسؤول لم يكشف عن اسمه، مسؤول رفض الكشف عن اسمه)
من غَيْرِ المُتَوَقَّعِ أنْ...	…는 예상되지 않는다. (↔ من المتوقّع أن...)
يُمَثِّلُ	대표하다, 대리하다; 뜻하다, 차지하다
عَقَبَة	장애, 장애물, 난관, 곤란, 걸림돌 (= عرقلة)
الزراعة التي تُمَثِّلُ عَقَبَةً رئيسيّةً	주요 장애물인 농업
تقدّم نحو...	…를 향해 나아감, 전진 참 تقدّم في... …에서 진전, 발전
يُسْقِطُ	제하다, 생략하다, 빼버리다
عَناصِرُ حسّاسة	민감한 요소들 참 مُنْتَجات حسّاسة 민감한 품목들
طرح ... على طاولة التفاوض	…를 협상 테이블에 내놓다, 제기하다, …를 협상에 붙이다
من غير المُحْتَمَل...	…할 가능성이 없다(↔ من المحتمل...)
بِما فيها...	그(ها) 중에는 …가 있다, …를 비롯한, …를 포함한 예 تشارك دول كثيرة بما فيها كوريا و اليابان 한국과 일본을 비롯한 많은 국가들이 참여하다. يشارك قادة بِمَنْ فيهم الرئيس لي ميونغ-باك والرئيس جورج دبليو بوش 이명박 대통령과 부시대통령을 비롯한 지도자들이 참석하다.
أسواق الإذاعة والتليفزيون والسينما	라디오, 텔레비전, 영화 시장
مَقْصِد (ج مَقاصِدُ)	목적지
ثاني أكبر مقصد لصادرات كوريا الجنوبيّة	한국 수출품의 두번째로 큰 시장(목적지) 참 أفضل مقصدٍ سياحيٍّ لعام ٢٠٠٩ 2009년 최고 관광지
رابطةُ دُوَلِ جَنوبِ شَرْقِ آسيا	동남아시아국가연합(Association of South-East Asian Nations, ASEAN)

어휘와 표현 연구

ما عَدا... …외에, …를 제외하고
㉠ 뒤에 명사 목적격이 온다.

جَدْوَى 이익, 이득, 이로움
㉡ بلا(دون) جَدْوَى 부질없이, 소용없이, 공연히

دِراسة جَدْوَى ثانِيَة 2차 타당성 조사

아랍어 한마디

압바스 시대의 유명한 시인 بشار بن برد 의 시구

رَبابَةُ رَبَّةُ الْبَيْتِ / تَصُبُّ الْخَلَّ في الزَّيْتِ

لَهَا عَشْرُ دَجاجاتٍ / وَدِيكٌ حَسَنُ الصَّوْتِ

라바바(밧샤르의 여종)는 가정부/ 기름에 식초를 붓네

그녀에게는 10마리의 암탉과 목소리 좋은 숫탉이 한마리 있소

자원&유가

أوروبا تدعو لحلّ أزمة الغذاء

دعا زعماء الاتّحاد الأوروبي للعمل على حلّ مشكلة ارتفاع أسعار الغذاء في العالم، وحذّرُوا العالم من أنّ أزمة الغذاء قد تُفَاقِمُ مشكلة الفقر وتُضِرُّ بالاقتصاد العالمي.

وأعرب رئيس المُفَوَّضية الأوروبية خوزيه مانويل باروسو في بيان عن "قلقه العميق" إزاء ارتفاع أسعار الغذاء والنفط والسلع الأخرى.

وقال إنّ ارتفاع الأسعار قد يؤدّي إلى إبطاء نموّ الاقتصاد العالمي وقد يترك آثارا سلبية على الدول النامية والمتقدّمة على حدّ سواء. وأكّد ضرورة معالجة الأزمة بالنظر إلى أثرها الكبير على جهود الدول النامية للتغلّب على الفقر.

س ١) إلى ماذا دعا زعماء الاتّحاد الأوروبي؟

س ٢) ما الذي يقلق رئيس المفوّضية الأوروبية؟

س ٣) ما سبب إبطاء نموّ الاقتصاد العالمي طبقا لرئيس المفوّضية الأوروبية؟

어휘와 표현 연구

~ دَعا... لـ ~ (u) …에게 ~를 촉구하다, 호소하다

غِذاء (ج أَغْذية) 식량, 음식, 영양

زَعيم (ج زُعَماءُ) 지도자, 영도자

اتِّحاد (ج ـات) 일치, 단결; 연합, 연방

~ حَذَّرَ... من ~ …에게 ~을 경고했다, 주의시켰다

يُفاقِمُ 심각하게 만들다, 악화시키다 문 قد 다음에 미완료 동사가 오면 '어쩌면', '아마'를 나타내는 말로 '~할 수도 있다', '~할 지도 모른다'고 해석한다. 본문의 قد تُفَاقِمُ 는 '악화시킬 수 있다'이다.

فَقْر 가난, 빈곤 참 دَوْلة فقيرة 빈국 (↔ دَوْلة غَنية 부국)

يُضِرُّ بِـ... …에 해가 되다
예 التَدْخِينُ يُضِرُّ بِالصِحَّة 흡연은 건강에 해롭다.

أَعْرَبَ عَنْ... …을 표현했다, 피력했다, 표명했다

مُفَوَّضيّة 집행위원회; 판무관 사무소(UN)
참 المُفَوَّضِيَّة العُلْيَا 고등판무소

قَلَق 걱정, 근심, 우려

إِزاءَ …의 맞은 편에, …에 대하여

سِلْعة (ج سِلَع) 상품, 물품

يُؤَدّي إلى... …로 이끌어가다, …을 야기하다, …에 이르다
참 قَدْ يُؤَدّي إلى... …을 야기할 수도 있다

إِبْطاء 더디게 함, 둔화시킴

أَثَر (ج آثار) على... …에 대한 영향, 흔적

سَلْبِيّ 부정적인; 수동적인(↔ إيجابِيّ)

الدُوَل النامية والمُتَقَدِّمة 개도국과 선진국들

عَلى حدٍّ سَواء 동등하게

ضَرورة 필요, 필요성, 당위성

مُعالَجة 처리, 해결

بِالنَظَر إلى... …을 고려해 볼 때, …을 고려하여

تَغَلُّب على... …을 극복, 타개

보충심화학습

سواء 용례

سواء (أ)كان صعبًا أم لم يكن. 어렵든 그렇지 않든 같다.

سواء (أ)كان صعبًا أم كان سهلًا. 어렵든 쉽든 똑같다.

صعبًا كان أم سهلًا. 어렵든 쉽든 (똑같이)

سواءٌ عليَّ أزيدٌ جاء أم عمرٌو. 자이드가 오던 아므르가 오던 내게는 똑같다.

سواءٌ كان زيدٌ طالبًا أو تاجرًا أو مدرّسًا. 자이드가 학생이든 상인이든 교사이든 똑같다.

كما تعهّد الاتّحاد الأوروبي بالعمل على دعم استقرار أسواق المال.

أشار باروسو في مؤتمر صحفي إلى أنّ ارتفاع أسعار الغذاء أكّد الحاجة إلى زيادة المساعدات للدول النامية، وقال إنّ حجم المساعدات انخفض في عام ٢٠٠٧.

من الجدير بالذكر أنّ أسعار الموادّ الغذائية ارتفعت بشكل سريع منذ الرُبع الأخير من العام الماضي، ويُنْسَبُ ذلك إلى زيادة عدد السكّان في العالم والتوسّع في إنتاج الوَقود الحيوي لمكافحة الأضرار البيئية لأنواع الوقود الأخرى، إضافة إلى زيادة الطلب في الدول النامية، والكوارث الطبيعية وارتفاع أسعار الطاقة.

حذّر رئيس البنك الدولي روبرت زوليك من أنّ أسعار الموادّ الغذائية ستظلّ مرتفعةً لعدّة سنوات على الأرجح، وعزا ذلك إلى ارتفاع الطلب العالمي وزيادة استخدام الوقود الحيوي.

س ٤) بماذا تعهّد الاتّحاد الأوروبي؟

س ٥) منذ متى ارتفعت أسعار الموادّ الغذائية؟

س ٦) ما أسباب ارتفاع أسعار الموادّ الغذائية؟

어휘와 표현 연구

تَعَهَّد بـ...	…을 약속했다, 공약했다, 서약했다
مال (ج أَمْوال)	재산, 재물, 재화; 돈 참 أَسْواق المال 금융시장
غِذائيّ	식량의 참 المَوادّ الغِذائيّة 식료품
بِشَكْل	형태로, 모습으로=بصورة, على وجه 참 بِشَكْلٍ سَريعٍ 급히, 재빨리
رُبْع (ج أَرْباع)	4분의 1, 한 분기의 참 الرُّبْع الأَخير 마지막 사분기, 4사분기
يُنْسَبُ إلى...	…에 연관되다, 기인하다
ساكِن (ج سُكّان)	거주민, 거주자, 주민
تَوَسُّع	넓어짐, 확대, 팽창
إِنْتاج	생산, 제조, 제작
وَقُود	연료
حَيَويّ	생물의, 바이오의 참 الوَقود الحيويّ 바이오 연료
مُكافَحة	싸움, 투쟁; 퇴치, 척결
ضَرَر (ج أَضْرار)	해, 피해, 해악, 손해
نَوْع (ج أَنْواع)	종류, 유형
إِضافَةً إلى...	…에 덧붙여, 더하여
طَلَب	요구, 수요 (↔ عرض 공급)
كارِثة (ج كَوارِث)	재해, 재난, 피해
يظَلُّ	…한 상태로 남다, 계속되다 문 يظَلُّ 다음에 오는 술어는 목적격이 된다. سَتَظَلُّ مُرْتَفِعَةً 은 '높은 수준을 유지할 것이다'로 해석된다.
عِدّة	많은, 여럿의
على الأَرْجَح	필경, 거의, 십중팔구
عَزا... إلى~	(u) …를 ~에 연관시켰다, ~탓으로 돌렸다

보충심화학습

~ 이외에

إضافةً إلى ذلك

بِالإضافةِ إلى ذلك

مضافًا إلى ما تَقدَّمَ

عِلاوةً على ذلك

إلى جانبِ ذلك، بجانبِه

لم يكن شاعرًا فقط بل كان إلى جانب ذلك ناقدًا.

그는 시인이었을 뿐만 아니라 비평가였다.

2

خبير نِفطي: غزو العراق أدّى إلى مضاعفة أسعار النفط

قال الخبير النفطي في البنك الدولي إبراهيم البدوي إنّ غزو العراق كلّف العالم خمسة تريليونات دولار لمواجهة ارتفاع أسعار الطاقة.

وأشار إبراهيم إلى أنّ سعر البرميل كان سيبقى في حدود ٤٠ دولارا لولا غزوُ العراق، ويعني ذلك أنّ الحرب رفعت سعر النفط ثلاث مرّات بعدما وصل إلى رقم قياسي جديد بلغ ١٣٠ دولارا الأسبوع الماضي.

وأضاف أنّ الإنتاج النفطي وصل ذروتَه في ثماني دول منها أمريكا وكندا وإيران وروسيا وإندونيسيا، في حين تقترب السعودية والصين من الذروة.

وكان العراق ينتج قبل الغزو في مارس/ آذار ٢٠٠٣ نحو٣.٥ ملايين برميل يوميا، تراجعت حاليا إلى مليونَيْ برميل.

س ١) كم تكلّف العالم لمواجهة ارتفاع أسعار الطاقة بعد غزو العراق حسب الخبير إبراهيم؟

س ٢) كم سعر البرميل المتوقّع لولا غزو العراق حسب إبراهيم؟

س ٣) ما حجم الإنتاج النفطي للعراق قبل الغزو في مارس / آذار ٢٠٠٣؟

어휘와 표현 연구

خَبير (ج خُبَراءُ) 전문가

غَزْو 침략, 침입, 공격, 공습, 습격

مُضاعَفة 배가함

البَنْك الدَوْليّ 세계은행

كَلَّفَ 일을 부과했다, 책임을 지웠다; 비용을 들게 했다

تريليون (ج ـات) 1조

مُواجَهة 대처; 직면; 대면; 싸움

يَبْقَى 남다, 머무르다
㉮ كَانَ سَيَبْقَى 머물렀을 것이다. 과거미완료시제로 과거에 "~한 상황에서라면 …했을 것이다"라는 의미로 사용된다.

حَدّ (ج حُدود) 한계; 한도; 경계

لَوْلا... …가 아니었더라면, …가 없었더라면
㉯ لَوْلا مُساعَدتُك 당신의 도움이 아니었더라면

رَفَعَ (a) 높였다, 올렸다

مَرّة 한번, 한 차례

قِياسيّ 기록적인; 표준의; 정상적인, 규칙적인
㉯ رَقْم قِياسيّ جَديد 신기록

ذُرْوة (ج ذُرًى) 산꼭대기; 절정, 정점

مِنْها... 그 가운데에는 …이 있다

في حين... 반면에, …때에

يَقْتَرِبُ مِن... …에 가까이 가다, 근접하다

كانَ العِراقُ يُنْتِجُ 이라크는 …을 생산하곤 했다
㉮ كان 다음에 미완료 동사가 함께 쓰일 경우에는 과거의 습관이나 상태를 나타낸다.

تَراجَعَ إلى... 물러섰다, 후퇴했다, 퇴보했다

بَرْميل (ج بَراميلُ) 배럴

보충심화학습

숫자 8

의미	8채의 집	집 8채	8개국	나라 8개
비한정	بيوتٌ ثمانيةٌ بيوتٌ ثمانٍ	ثمانيةُ بيوتٍ	دولٌ ثمانيةٌ دولٌ ثمانٍ	ثمانِي دولٍ
한정	البيوتُ الثمانيةُ البيوتُ الثمانِي	الثمانيةُ بيوتٍ	الدولُ الثمانيةُ الدولُ الثمانِي	الثمانِي دولٍ

من ناحية أخرى، أفادت صحيفة نيويورك تاميز الأمريكية أنّ وكالةَ الطاقة الدولية تحقّق حاليا في ما إذا كان بإمكان العالم أن يواجه مرحلة نفاد النفط، في الوقت الذي تتزايد فيه المخاوف من أنّ نقص الإمدادات في الأسواق حقيقي وهو الذي دفع بالأسعار إلى أرقام قياسية.

وذكرت الصحيفة أنّ وكالة الطاقة قلقة بالفعل من تراجع الإمدادات نتيجة الطلب الهائل عليها من الصين والهند. كما أعربت عن قلقها من أنّ القدرة الإنتاجية ستنخفض في العالم بحلول عام ٢٠١٢ والذي سيبلغ فيه الطلب ٩٥ مليون برميل يوميا.

وأشارت الصحيفة إلى أنّه عند هذا الطلب ستبلغ القدرة الاحتياطية مليون برميل يوميا، وهي ليست كافية لتعويض أيّ نقص مفاجئ في الإمدادات نتيجةَ الإضرابات التي يمكن أن تحدث في الدول المنتجة مثل نيجيريا أو فنزويلا أو العراق.

س ٤) فيما تحقّق وكالة الطاقة الدولية حاليا؟

س ٥) ما السبب الرئيسي في تراجع الإمدادات في أسواق النفط العالمية؟

어휘와 표현 연구

ناحية (ج نَواحٍ)	방향, 방면; 관점, 측면
من ناحية أُخْرى	다른 한편으로 (= من جِهة أُخْرى), 한편
أَفَادَ بـ...	알렸다, 통지했다, 전했다
وكالة الطاقة الدَوْليّة	국제에너지기구 (International Energy Agency)
يُحَقِّقُ في...	…을 조사하다, 심의하다
ما إذا كان...	…인지 아닌지
إمْكان	능력; 가능, 가능성 참 بِإمْكَانِ... أَنْ~ …는 ~할 수 있다.
نَفاد	소모, 고갈
يَتَزايَدُ	(점진적으로) 증가하다, 점증하다, 점차 늘어나다
نَقْص	부족, 결핍, 결여 참 نَقْص الماء 물부족, نَقْص الغِذاء 식량부족
إمْداد (ج ـات)	공급, 보급; 도움, 원조, 지원
دَفَعَ بـ... إلى~	(a) …을 ~하게했다, 부추겼다
قَلِق من...	…에 대해 우려하는, 걱정하는; …에 우려하다, 걱정하다
بِالفِعْل	실제로, 사실상
طَلَب على...	…에 대한 요구, 수요 (↔ عَرْض)
هائل	막대한, 거대한; 무시무시한
بِحُلول...	…에 즈음하여, …가 도래할 때; …때까지, …경
احْتِياطيّ	준비의, 예비의 참 القُدْرة الاحْتياطيّة 예비능력
كَافٍ لِـ...	…에 충분한, 넉넉한
تَعْويض	보상, 배상; 대가
مُفاجِئ	갑작스러운, 불시의, 뜻밖의
إضْراب	파업 참 إضْراب عن العَمَل 파업, إضْراب عن الطَعام 단식
يُمْكِنُ أَنْ...	…할 수 있다
يَحْدُثُ	(어떤 일이) 일어나다, 발생하다
دُوَل مُنْتِجة	생산국들 참 مُنَظَّمة الدُوَل الْمُصَدِّرة للنِفْط 석유수출국기구(OPEC)

2격 명사 منتهى الجموع (많은 양의 복수)

مَفاعِلُ 형태: 이 형태의 복수는 다섯 개의 자음 중 가운데 세 번째 자음이 약자음으로 2격명사이며, (ـ ـ ا ـ ـ)의 구조로 되어있다.	مَفاعِيلُ 형태: 둘째 자음에 모음이 없고, 넷째 자음이 약자음인 5 자음 어휘는 복수가 مَفاعِيلُ 형태를 취한다. 이 복수는 (ـ ـ ا ـ ي ـ)의 구조로 되어 있다.
أجانبُ، أوائلُ، تَجَارِبُ، تهانئُ، جداولُ، جوائزُ، جَوَاهِرُ، حدائقُ، حقائبُ، خسائرُ، خصائصُ، طوابقُ، فوائدُ، جرائدُ، عشائرُ، قبائلُ، مبادئُ، مَدَارِسُ، مسائلُ، مساجدُ، مساطرُ، مصالحُ، مَعَارِضُ، مَكَاتِبُ، مكانسُ	أسابيعُ، أَسَاطِيلُ، أَساليبُ، أقاليمُ، تماسيحُ، دكاكينُ، دَنَانِيرُ، دواوينُ، سكاكينُ، شبابيكُ، صناديقُ، صواريخُ، طَوَاحِينُ، عصافيرُ، عناوينُ، قناديلُ، مساكينُ مَشَارِيعُ، مصابيحُ، مفاتيحُ، مقاييسُ، مناديلُ، مَوَاضِيعُ، ميادينُ

환경

환경

1

اقتراب تصديق الآسيويين على كيوتو

اتّفق وزراء البيئة في آسيا على ضرورة التزام جميع الدول الآسيوية، ببنود بروتوكول كيوتو لحماية بيئة الأرض والتي تهدف إلى تقليص التأثيرات السلبية للإنسان على البيئة.

وسيحوَّل أمر التصديق على البروتوكول إلى القمّة الآسيوية التي سَتُعْقَدُ الشهر الحالي في العاصمة الصينية بكين.

وقد توصّل وزراء البيئة في الدول الآسيوية إلى قرارهم هذا خلال اجتماع عقدوه في سيول.

وقالت مصادر للقمّة الآسيوية إنّ "هذا يعني أنّ الدول الآسيوية ستستكمل عملية التصديق بحلول الأوّل من يونيو/ حزيران المقبل".

س ١) إلى ماذا تهدف بنود بروتوكول كيوتو لحماية بيئة الأرض؟

س ٢) متى يُتَوَقَّعُ أن تستكمل الدول الآسيوية عملية التصديق؟

어휘와 표현 연구

اقْتِراب	접근; 유사
تَصْديق على...	…에 대한 비준, 승인, 신임
اتَّفَقَ على...	…에 대해 합의했다, 동의했다
بيئة	환경 참 وَزير البيئة الكوريّ 한국 환경장관
الْتِزام بـ...	…을 따름, 지킴, 준수
بَنْد (ج بُنود)	조항, 항목, 절
بروتوكول	의정서, 프로토콜 참 بروتوكول كُيوتو 교토의정서 (기후변화 협약에 따른 온실가스 감축목표에 관한 의정서)
حِماية	보호, 수호 참 حِماية البِيئة 환경 보호
تَقْليص	줄임, 감축, 축소
تَأْثير (ج ـات) على...	…에 대한 영향, 작용, 효력
يُحَوَّلُ إلى...	…로 옮겨지다, 이관되다
قِمّة (ج قِمَم)	꼭대기, 정상, 정점 참 مُؤْتَمَر قِمّة 정상회담
العاصِمة الصِينِيّة بكين	중국의 수도 베이징
قَرار (ج ـات)	결의, 결정서, 결의문
اجْتِماع عَقَدوهُ	그들이 개최했던 회의 문 عَقَدوهُ 가 اجْتِماع 를 수식하는 관계절임
مَصْدَر (ج مَصادِرُ)	출처, 원천, 근원 참 مَصْدَر مُطَّلِع 정통한 소식통
يَسْتَكْمِلُ	완성하다, 완결하다, 끝내다

보충심화학습

달의 명칭

	양력	앗시리아력	이슬람력
1월	يَناير	كانونُ الثانِي	مُحَرَّم
2월	فِبْراير	شُباطُ	صَفَر
3월	مارس	آذارُ	رَبيعُ الأَوَّل
4월	إِبْريل	نَيسانُ	رَبيعُ الآخِر
5월	مايو	أَيّارُ	جُمادى الأُولَى
6월	يونْيو	حَزيرانُ	جُمادى الآخِرة
7월	يولْيو	تَمّوزُ	رَجَب
8월	أُغُسْطُس	آبُ	شَعْبانُ
9월	سِبْتَمْبِر	أَيْلُولُ	رَمَضانُ
10월	أُكْتوبِر	تِشْرينُ الأَوَّل	شَوّال
11월	نُوفَمْبِر	تِشْرينُ الثَّانِي	ذو القَعْدة
12월	دِيسَمْبِر	كانونُ الأَوَّل	ذُو الحِجّة

ويُلْزِمُ البروتوكول، الذي تمّ الاتّفاق الدولي على تفاصيله الأولى في مدينة كيوتو اليابانية عام ١٩٩٧، دولَ العالم بخفض كمّيات الغازات الضارّة المنبعثة إلى الأجواء، والتي تتسبّب في رفع درجات حرارة الأرض، بمعدّل ثمانية في المئة قياسا بمعدّلات التسعينات خلال فترة الخمسة أعوام من ٢٠٠٨ حتى ٢٠١٢.

وتركّز معاهدة كيوتو على الغاز الأكثر ضررا وهو ثاني أكسيد الكربون، الذي يُعتبَر من أخطر الفضلات الصناعية، وهو أيضا من الغازات التي تَنتُج من إحراق النفط والفحم والغاز الطبيعي لإنتاج الطاقة.

إلاّ أنّ أمريكا التي تُعتَبر أكبرَ بلد منتج للملوّثات البيئية، رفضت التصديق على البروتوكول بدَعْوَى أنّه يتعارض مع مصالحها الاقتصادية وهو ما جعل من أمر التصديق من قبل الجميع أكثر أهمّية وحيوية.

س ٣) بماذا يلزم بروتوكول كيوتو دول العالم؟

س ٤) لماذا رفضت أمريكا التصديق على البروتوكول؟

어휘와 표현 연구

يُلْزِمُ... بـ~	…에게 ~을 강요하다, 강제하다, 의무화 하다
تَفْصيل (ج تَفاصيلُ)	상술, 상세한 서술; 구체적인 내용, 세부사항
غاز (ج غازات)	가스
ضارّ	해로운, 유독한, 유해한
مُنْبَعِث	발생되는, 방출되는
جوّ (ج أجْواء)	날씨, 기후; 대기; 분위기
يَتَسَبَّبُ في...	…을 야기하다 ㉺ يُسَبِّبُ …을 야기하다
دَرَجات حَرارة	온도
مُعَدَّل (ج مُعَدَّلات)	비례, 비율; 평균 ㉺ بِمُعَدَّل 평균적으로
في المِئة	100분율, 퍼센트
قِياسًا بـ...	…에 비하여
التِسْعينات	90년대
يُرَكِّزُ على...	…에 집중하다, 전념하다
مُعاهَدة	조약, 협약, 협정
ضَرَر(ج أَضْرار)	해독, 손실, 손해 ㉺ الأَكْثَر ضَرَرًا 가장 해로운
ثاني أُكْسيد الكَرْبون	이산화탄소
فَضْلَة	나머지, 여분, 부산물 ㉺ أَخْطَر الْفَضَلات 가장 위험한 잔여 물질
إِحْراق	소각, 태워버림
فَحْم	숯, 석탄
مُلَوِّث (ج ـات)	오염시키는; (복) 오염 물질
بِدَعْوَى أن ...	…을 구실로 삼아, …라는 핑계로
يَتَعارَضُ مع...	…와 상반되다, 배치되다
مَصْلَحة (ج مَصالِحُ)	이득, 이익, 이해관계; (행정기구의) 부, 국, 부처
جَعَلَ~ مِنْ...	(a) …을 ~로 만들었다
مِنْ قِبَلِ...	…측으로부터
أَكْثَر أَهَمِّيَّةً وحَيَوِيَّةً	가장 중요하고 긴요한, 가장 중대하고 필수적인

보충심화학습

아랍어 속담 (1)

الأَعْمارُ بِيَدِ الله.	인명(人命)은 재천(在天)
رُبَّ ضَارَّةٍ نافِعَةٌ.	화가 복이 된다.(轉禍爲福)
كُلُّ شَيْءٍ لَهُ آخِرٌ.	달걀도 굴러가다 서는 모가 있다.
لِكُلِّ مُجْتَهِدٍ نَصيبٌ.	공든 탑이 무너지랴.
قُلْ لي مَنْ هُمْ أَصْدِقاؤكَ أقولُ لَكَ مَنْ أَنْتَ.	친구를 보면 그 사람을 알 수 있다.
إذا كان الكلامُ من فِضَّةٍ، فالسُّكوتُ مِنْ ذَهَبٍ.	침묵은 금
فَرْقٌ بين السماء والأرض.	하늘과 땅 차이

دراسة لتقييم بيئة الأرض

بدأت الأمم المتّحدة عملية كبيرة للتعرّف على الأوضاع العامّة لبيئة الأرض، في دراسة كبيرة وعميقة خُصِّصَ لها واحد وعشرون مليون دولار.

وستدرس عمليةُ التقييم الدولية هذه جميعَ النشاطات الطبيعية التي تسهم إسهاما مباشرا أو غير مباشر في تكوين واستمرار الحياة على الأرض، من البراري والغابات والأنهار والبحيرات إلى الأراضي الزراعية والمحيطات، وغيرها.

وتُعتبَر هذه الدراسةُ الميدانية التقييمية، التي أُعلِن عنها في الأسبوع الماضي في مدينة تورينو الإيطالية، الحدثَ الأهمَّ في يوم البيئة العالمي، وهي مناسبة دولية حدّدتها المنظّمة.

وقال الأمين العامّ للأمم المتّحدة كوفي عنان إنّ هذه الدراسة ستكون عِبَارَةً عن خريطة لتوضيح الحالة الصحّية لكَوْكب الأرض، وستملأ فراغات في الإدراك والمعرفة المطلوبة من البشر للمحافظة عليها وإدامتها.

س ١) ماذا ستدرس عملية التقييم للأمم المتّحدة؟

س ٢) متى أُعْلِنَ عن هذه الدراسة الميدانية التقييمية؟

س ٣) أيّ نوع من الفراغات ستملأ دراسة الأمم المتّحدة طبقا للأمين العامّ؟

어휘와 표현 연구

تَقْييم	평가, 측정
بِيئة	환경
عَمَليّة	수행, 실시, 진행, 작전; 행동, 행위; (의학)수술
تَعَرُّف على...	…을 알아냄; 사귐
خُصِّصَ لـ...	…에게 할당되었다, 지정되었다 문 خَصَّصَ 의 수동태
نشاط (ج نَشاطات، أَنْشِطة)	활발, 생기; 활동
يُسْهِمُ إِسْهاما في...	…에 기여하다 문 إِسْهاما 은 동사의 의미를 강조하기 위한 동족 목적어
مُباشِرًا أو غيرَ مُباشِرٍ	직접적으로 혹은 간접적으로
تَكْوين	조직, 구성, 형성; 발생, 기원
بَرّية (ج بَراري)	육지, 사막
غابة	숲
بُحَيْرة	호수
مُحيط (ج ـات)	주위, 둘레; 대양
مَيْدانيّ	활동 분야의, 현장의
حَدَث (ج أَحْداث)	사건, 이벤트; 행사 참 الحَدَث الأَهَمّ 가장 중요한 이벤트
يوم البِيئة العالَميّ	세계환경의 날
مُناسَبة	기회, 계제, 행사 참 بهذه المُناسَبة 이 기회에
حَدَّدَ	정했다, 지정했다
عِبارة	설명, 해석; 표현구, 문구, 말투 참 عبارةٌ عن... …을 나타낸다, …이다
خَريطة (ج خَرائطُ)	지도 (= خارِطة) 참 خَريطة الطَريق 로드맵

어휘와 표현 연구

تَوْضيح	밝힘, 설명
كَوْكَب (ج كَواكِبُ)	별, 행성
فَراغ (ج ـات)	여유시간; 빈자리; 공백, 여백
إِدْراك	도달, 달성; 이해, 파악, 인식; 의식, 자각
مُحافَظة على...	…를 수호; 보호, 보존, 유지
إِدامة	계속함, 지속시킴

아랍어 한마디

كل ممنوع مرغوب. 금지된 열매가 달다.

وأضاف عنان أنّ علينا جميعا أَن نتشارك في الاستفادة من الأنظمة البيئية الأرضية ومصادرها التي لا غنى عنها، وعلى كلّ واحد منّا أن يلعب دورا في الحفاظ عليها. وسيشارك في هذه الدراسة الدولية علماءُ من حكومات متعدّدة وجمعيات خيرية وجماعات الدفاع عن البيئة.

ومن التحدّيات الكبيرة التي ستواجه الدراسة موضوعُ إدماج المعطيات والمعلومات المستقاة من الأنظمة البيئية المحلية الصغيرة في الصورة الأكبر التي تُغَطِّي مناطق وأقاليم وقارّات.

وستستغرق الدراسة أربعة أعوام وستكون معقّدة وصعبة، لكنها تهدف إلى رسم خريطة هدفها ليس فقط توضيح المخاطر التي يمكن أن تتعرّض لها بيئة الأرض، بل أيضا وسائل تجنّبها وحلّها.

س ٤) ماذا علينا أن نفعل طبقا للأمين العامّ للأمم المتّحدة؟

س ٥) ما التحدّيات الكبيرة التي ستواجه دراسة الأمم المتّحدة؟

س ٦) كم سنة ستستغرق الدراسة؟

어휘와 표현 연구

يَتَشارَكُ في...	…을 함께하다, 공유하다
اسْتِفادة من...	…을 활용, 이용
لا غِنَى عنه	필요한, 필수불가결한
كلّ واحِدٍ مِنّا	우리 개개인이
يَلْعَبُ دَوْرًا	역할을 수행하다 (= يُؤَدّي دورا)
حِفاظ على...	…을 지킴, 보존, 보호
عالِم (ج عُلَماءُ)	아는, 박식한, 유식한; 학자
مُتَعَدِّد	수많은, 여러 가지의, 다각적인, 다중적인
جَمْعِيّة	협회, 단체, 연맹, society
خَيْري	자선의
دِفاع عن...	…에 대한 수호, 방어
إدْماج	삽입, 병합, 결합
مُعْطًى (ج مُعْطَيات)	주어진 (것); (복)자료, 데이터 ㉲ 수동분사를 명사로 사용할 때 주로 복수형을 활용
اسْتَقَى من...	…에서 (물을) 길었다; …로 부터 (정보, 지식 등을) 얻었다 ㉲ مُسْتَقاة من... 는 수동분사로 '…로 부터 얻어진'
مَحَلّيّ	지방의, 지역의; 국내의
يُغَطّي	덮다, 씌우다, 가리다; 충당하다, 메우다; 포괄하다
إقْليم (ج أقاليمُ)	지역, 지방; 행정구역
مُعَقَّد	복잡한, 뒤엉킨; 어려운, 힘든
لَيْسَ فَقَطْ (= فَحَسْب)... بَلْ~ أَيْضًا	…뿐만 아니라 ~도 역시
مَخاطِرُ	(복)위험들, 위험요소들
يَتَعَرَّضُ لِـ...	…에 노출되다, 당하다, 겪다
وَسيلة (ج وَسائِلُ)	수단, 방법
تَجَنُّب	피함, 회피

보충심화학습

아랍어 속담 (2)

اشْتَرِ الجَارَ قَبْلَ الدار.	집을 사면 이웃을 본다.
الجنّة تحت أقدام الأمّهات.	천국은 어머니의 발 아래있다.
عُصْفور في الْيَدِ خَيْرٌ مِنْ عَشَرَة عَلَى الشَّجَرة.	내 돈 서푼이 남의 돈 사백냥보다 낫다.
العَبْدُ في التَّفْكيرِ وَالرَّبُّ في التَدْبير. الإنسان بالتفكير و الله بالتدبير. الإنسان يُفكّر و الله يُدبّر.	진인사 대천명(盡人事 待天命)

정보&통신

ما الكمبيوتر؟

كان أوّلُ تقديمٍ للكمبيوتر منذ أكثرَ من ستّين عاما، وبالتحديد سنةَ ١٩٤٦ حيث كان يتكوّن من أكثرَ من ١٨٠٠٠ صِمامٍ إلكتروني، وهذه الصمامات نوعٌ مُعَقَّدٌ بَعْضَ الشيءِ من الأدوات الإلكترونية التي لها شكلُ مصباحِ الإضاءةِ الكهربي المعروفِ وذُو الحجمِ المُتَوَسِّطِ. وهي مماثلة للصمامات التي كانت تُستعمل لتشغيل الراديو لمدة طويلة من الزمن وحتى اختراع الترانزيستور، وكذلك لتشغيل التلفزيون في بدايةِ عهدِهِ. كان الكمبيوتر في حينِها يَحْتَلُّ بنايةً كاملةً، ويَزِيدُ وزنُه عن ثلاثين طنًّا. وهذا يَعْنِي أنَّ وزنَهُ أكثرُ من وزن ثلاثين سيّارةً. وكانت تلك البنايةُ في حاجةٍ لأجهزة تبريدٍ عِمْلاقَةٍ لإزالة الحرارة الناجمة عن تلك الصمامات الإلكترونية. ومع ذلك فإن فعّاليته لم تَكُنْ أكثرَ من فعّالية حاسبة جيب صغيرة كالتي يستعملها تلاميذُ المدارس الآنَ.

س ١) ما مِيزات الصمامات في الكمبيوتر شكلا وحجما؟

س ٢) اذكرْ صفاتِ الكمبيوتر في بداية عهده؟

어휘와 표현 연구

كان أوّلُ تقديمٍ للكمبيوتر منذ... 컴퓨터는 …(때)에 최초로 소개되었다.
참 '소개되다'라는 표현을 아랍어에서 '소개(됨)'이란 동명사를 활용한 명사문으로 표현하였다.
예 كان أوّل تقديم للتلفزيون في كوريا منذ أربعين عاما.
텔레비전은 40년 전 한국에 처음으로 소개되었다.

بالتحديد 정확히 말하자면

يتكوّن من... …로 구성되다 (= يَتَألَّفُ من...)

صِمام (ج ـات) 진공관(dynatron), 밸브

إلكترونيّ 전자의

مُعقَّد 복잡한

بعضَ الشيءِ 약간, 조금; 적게

أدَوات إلكترونيّة 전자기기(들)

كهربيّ 전기의 (= كهربائيّ)

مِصْباحُ الإضاءةِ الكهربيُّ 전구

ذُو الحَجْمِ المُتَوَسِّطِ 중형(中型)의

مُماثِل لِـ... …와 비슷한, 유사한; 다르지 않은

تَشْغيل (الرادِيو، التلفزيون) (라디오, 텔레비전 등) 작동; 조작

اخْتِراع 고안, 창안; 발명
참 حقُّ بَراءةِ اختراعٍ 특허권

الترانزيستور 트랜지스터(transistor)

في بِدايةِ عَهْدِهِ 초기에

في حينِها 당시에

يَحْتَلُّ 점유하다; 점령하다, 차지하다

يَزِيدُ وزنُه عن... 중량이 …을 넘다, 초과하다

هذا يَعْني أنّ... 이것은 …을 의미한다

أَجْهِزَةُ تَبْريدٍ 냉각기

어휘와 표현 연구

عِمْلاق	거대한; 거인
إزالة	제거
ناجم عن...	…에서 발생한, 나온, 비롯된
الحَرارةُ الناجمةُ عن الصمامات الإلكترونيّة	전자 진공관에서 발생한 열
مع ذلك فإنّ...	그럼에도 불구하고 …하다
فَعّالِيّة	성능; 효능

아랍어 한마디

자힐리야시대 여성 시인 '칸사(خنساء)'의 까시다

본명은 '투마디르(تماضر)'이며, '들창코'라는 뜻의 별명 칸사로 더 잘 알려져 있다. 그녀는 자힐리야 시대에 활동한 몇 안되는 여류 시인이다. 그녀는 특히 애가(哀歌)로 유명하다. 다음은 칸사가 창과 칼에 찔려 죽은 남동생 '사크르(صخر)'를 애도하는 시행의 일부이다.

يُذَكِّرُنِي طُلُوعُ الشمسِ صَخْرًا　　وَأذكُرُهُ لِكلِّ غُروبِ الشمسِ.

해 뜰 때 동생 사크르의 슬픈 추억이 살아나더니 해가 져도 그 추억 사라지지 않네.

해가 떠서 질 때까지 즉 하루 종일 동생을 생각하고 기리는 시인의 애틋한 마음을 간결한 문체로 나타내고 있다.

الكمبيوتر في أَبْسَطِ تَعْبيرٍ عنه هو ليس أَكْثَرَ من جهازٍ كَهْرَبائِي، مِثْلُهُ مِثْلُ أيِّ جِهازٍ آخَرَ كالمُسَجِّل أو الفيديو أو الغَسّالة أو فرن الميكروويف وغَيْرِهَا.
هذا الجهاز تَمَّ إِنْتاجُهُ كَيْ يقومَ بِمُهِمّاتٍ مُعَيَّنةٍ. مثلًا يمكن اسْتِعْمالُ الكمبيوتر في كتابةِ الرَسائلِ أو استعمالُه كَآلَةٍ حاسبةٍ للقيامِ بِعَمَلياتِ الجَمْعِ والطَرْحِ وغيرِها. كما يمكنه القيامُ بِتَخْزينِ أرْقامِ التلفوناتِ، ولَعْبِ المُبارَيات، وإنتاجِ رُسُومٍ ذَاتِ تِقْنيةٍ عاليةٍ. يمكن للكمبيوتر أيضا أن يقومَ بِتَشْغيلِ ومُراقَبةِ خُطوطِ العملِ في المصانعِ، ويقوم بتنظيم مُهِمّات الأجهزة داخلَ الطائرات أو الصواريخ وغيرِها.

س ٣) في أيّ مجال يمكن استعمال الكمبيوتر؟

س ٤) بماذا يمكن أن يقوم الكمبيوتر في الحياة اليوميّة؟

어휘와 표현 연구

أَبْسَطُ 더 간단한; 더 간략한 (비교급)
문 비교급 + 비한정 소유격 단수명사 = 최상급
참 أَطْوَلُ طالِبٍ 가장 키 큰 학생

تَعْبِير عن... …에 대한 표현

أبسط تعبيرٍ عنه 한마디로; 가장 간략히 말하자면 (최상급)

لَيْسَ أَكْثَرَ من... …이상이 아니다; (별반) 다르지 않다

مِثْلُهُ مِثْلُ... 그것은 …와 같다 (= مَثَلُهُ مَثَلُ...)

تَمَّ 실행되었다; 완수되었다
문 비인칭 동사로 뒤에 '주격의 동명사'를 주어로 갖는다.
예 تَمَّ إِنْتاجُ التلفيزيون TV가 생산되었다/ ...تَمَّ إِصْدَارُ ... 이 발간되었다

إِنْتاج 생산

مُهِمّة (ج مُهِمّات، مَهامُّ) 임무; 중요한 일(사안); 작업

مُعَيَّن 일정한; 특정한; 정해진
참 مُهِمّات مُعَيَّنة 정해진 임무, 특정 임무

اسْتِعْمال 이용; 사용 (= استخدام)

كِتابةُ الرَسائِلِ 서신 쓰기

آلةٌ حاسِبَةٍ 계산기
참 الكمبيوتر = الحَاسِب الآلي

قِيام بـ... …을 수행

عَمَلِيّة 일, 작업; 활동; 행보; 과정
참 عمليّات إِرْهابيّة 테러행위(활동)/ عمليّات تَرْبَوِيّة 교육과정

الجَمْع والطَرْح 덧셈과 뺄셈
참 الضَرْب والقِسْمة 곱셈과 나눗셈

تَخْزين 저장, 보관

مُباراة (ج مباريات) 경기

لَعْب المباريات 게임하기

ذات... …을 가진, 소유한 (여성 단수형)

어휘와 표현 연구

تِقْنِية	기술
عالٍ	높은; 고도의
رُسومٌ ذاتُ تِقْنِيةٍ عاليةٍ	고도의 기술을 요하는 그래픽, 하이테크 그래픽 (= رسومٌ عاليةُ التقنيةِ)
مُراقَبة	감시, 감독
خَطّ (ج خُطوط)	선(線); (작업 등의) 라인(line) ㊟ خُطوط العَمَلِ 작업라인
مَصْنَع (ج مَصانِعُ)	공장
تَنْظيم	조정; 체계화; 조직; 규제

보충심화학습

(أن المصدريّة)مصدر مُؤَوَّل 를 주어로 갖는 동사(비인칭동사)

동명사절로 지칭되는 مصدر مؤوّل은 "أن + 동사"로 구성되며, 이 때 접속사 أن 은 시간과 대상을 고려하지 않고 단지 행위 그 자체만을 나타내는 '동명사'와 동일한 역할을 한다.

예컨대 يمكن، يجب، يجوز، ينبغي 등의 동사는 동명사절을 주어로 하며, 이 때 남/여 성이 구별되는 일반명사와는 달리 항상 성이 '남성'으로 고정되는 것이 특징이다. 때문에 곧잘 '비인칭동사'로 지칭된다. 또한 동명사절은 동명사로 대체될 수 있으며 이 때 동명사는 동사의 주어로서 항상 주격을 갖는다.

يمكن أن تذهب الآن. (=يمكنك الذهابُ الآن.)
يمكن أن يقوم بتخزين الأرقام. (=يمكنه القيامُ بتخزين الأرقام.)
يجب أن تُذاكر لتنجح. (=يجب عليك المذاكرةُ للنجاح.)
يجب أن نقرأ صحفا يوميّا. (=يجب علينا قراءةُ صحفٍ يوميّا.)
يجوز أن يحضر اليوم. (=يجوز له الحضورُ اليوم.)

البَرْمَجة

لكي تُؤَدِّيَ أيُّ آلةٍ عملَها على الوَجْهِ الأَكْمَلِ فيجب أن تتمّ برمجتُها بِطريقةٍ ما. إنّ برمجةَ الكمبيوتر تَعْنِي احْتِواءَهُ على التعليماتِ المُفصَّلةِ خَطْوةً بِخَطْوةٍ وتَحْديدَ كيفيةِ القيامِ بتَنْفيذِ المُهِمّةِ المَطْلوبةِ من البداية حتّى تَنْتَهِيَ تلك المُهِمّةُ. نحن نُعْطِي التعليماتِ للغسّالة أو فُرْنِ الميكروويف بأنْ نَضْغَطَ على أَزْرارٍ مُعيَّنةٍ أو نقوم بِتَدْويرِه إلى وَضْعٍ مُعيَّنٍ ليقوم بِعمل معيّن، وكذلك في حالةِ الكمبيوتر، فنحن نقوم بإِدْخالِ التعليمات بواسطة لَوْحةِ المَفاتيحِ أو الماوُس (الفأرة) أو غيرِها. الكمبيوتر يمكن أن يَتَعَطَّلَ ويُسَبِّبَ مَشاكِلَ مِثْلَهُ مِثْلَ أيِّ جِهَازٍ إلكترونيٍ آخَرَ.

س ١) ما معنى برمجة الكمبيوتر؟

س ٢) قارنْ بين حالة الغسّالة والكمبيوتر في كيفيّة إعطاء التعليمات.

어휘와 표현 연구

قارِنْ	비교하시오
يُؤَدِّي...	…을 (실)행하다
على الوَجْهِ الأَكْمَلِ	더 완전(벽)하게; 제대로, 전면적으로
بَرْمَجة	프로그래밍(programming)
بطريقةٍ ما	어떤 방식으로
احْتِواء على...	…을 포함
تَعْليم (ج ـات)	명령어(command(s)); 지시; 지침 참 تعليماتُ المالكِ 메뉴얼(Owner's Instructions)
مُفصَّل	세분(화)된; 분할된
خَطْوَةً بِخَطْوَةٍ	단계별(로); 한걸음 한걸음
تَحْديد	제한, 한정; 결정
كَيْفيّة	방법; 방법론
يَنْتَهي	끝나다; 완결되다
مِن البداية حتّى تنتهيَ تلك المُهِمّةُ	일(작업)의 처음부터 끝까지; 전(全) 실행단계
فُرْن الميكروويف	전자레인지
يَضْغَطُ على...	…을 누르다; 압박하다
زِرّ (ج أَزْرار)	단추; 버튼; 스위치
تَدْوير	(원모양으로, 둥글게) 돌림
إِدْخال	입력
بِواسطةِ...	…을 통해서
لَوْحة المَفاتيح	키보드(key board)
المَاوُس	마우스(mouse) (= فأرة)
يَتَعَطَّلُ	고장나다

보충심화학습

فَعْلَلَة 패턴 명사

أَتْمَتة	자동화	رَسْمَلة	자본화
بَرْمَجة	프로그래밍	عَصْرَنة	현대화
حَوْسَبة	컴퓨터화, 전산화	عَوْلَمة	세계화
خَصْخَصة	사유화, 민영화	مَكْنَنة	기계화
رَقْمَنة	디지털화	أَسْلَمة	이슬람화

ولكن مع الكمبيوتر يجب أن تكونَ دَقيقًا، وألاّ تَضَعَ اللَوْمَ على الكمبيوتر في التَسَبُّبِ بالأَخْطاءِ، لأنَّهُ في جميعِ الحالات تقريبًا، فإنّ الأخطاءَ تكون ناجمةً عن الإِنْسانِ وليس عن الكمبيوتر.

الكمبيوتر كما هو الحالُ في الآلاتِ والأجهزةِ التي تتمُّ برمجتُها "الغسّالة أو الفرن" مثلا، لا يستطيع قراءةَ التعليماتِ على شَكْلٍ مكتوبٍ، إنّ هذه الأجهزةَ تَسْتَقْبِلُ تعليماتِ البرنامجِ في شكلِ إشاراتٍ رَمْزيةٍ خاصّةٍ بِهَا. إنّ العملَ الذي تقوم به الغسّالة أو الفرن مثلا هو الغَسْلُ أو الطَهْي، بينما جهازُ الكمبيوتر عبارةٌ عن آلةٍ تقوم بمُعالَجةِ المعلوماتِ ومُعْطَياتِها.

س ٣) لماذا يجب أن نتعامَل مع الكمبيوتر بالدقّة؟

س ٤) على أيّ شكل يقرأ الكمبيوتر تعليماته؟

어휘와 표현 연구

دقيق 섬세한, 세심한; 정교한, 정밀한

يَضَعُ 놓다, 두다; 세우다
예 يَضَعُ أساسًا 기초를 세우다(닦다)
يَضَعُ ثقةً فِي... …에 대해 신임을 두다; 신임(뢰)하다

لَوْم على... …를 비난; 규탄; 질책, 책망

يَضَعُ اللَّوْمَ على... في~ ~에 대하여 …를 비난(규탄)하다

تَسَبُّب بِـ... ...를 야기시킴, …를 일으킴

خَطَأ (ج أَخْطاء) 잘못, 실수; 오류, 착오

جَمِيع 전(全), 전부, 전체; 모든 (= كُلّ)
문 جميع와 كُلّ (전부, 모든) + 명사(한정 복수 소유격)
참 جَميع الطُّلابِ 모든 학생/ كُلُّنا 우리 모두

ناجِم عن... …로부터 발생된; 비롯된; (결과 등이) 초래된
(= ناتِج عن...)

فُرْن (ج أَفْران) 오븐(oven)

عَلى شَكْلٍ... …의 형태로, 형식으로(= بِشكلٍ...، بِصورةٍ...، على وَجْهٍ...)

على شكلٍ مكتوبٍ 문서형식의, 서면 형식으로, 서면으로

يَسْتَقْبِلُ (신호를) 받다, 수신하다; 맞이하다, 영접하다

إشارة 지시, 지적; 기호, 신호, 표식; 암시

رَمْزِيّ 상징적인; 암호의

غَسْل 씻기, 씻음; 세탁

طَهْي 요리

عِبارة عن... 말하자면 …이다; …와 같다; …에 상응하다, 상당하다
예 جِهاز الكمبيوتر عبارة عن آلة تقوم بمعالجة المعلومات.
컴퓨터는 말하자면 정보를 처리하는 기계이다.
أَلْقَى خِطابًا عبارةً عن خَمْسين جُمْلَةً.
그는 50개 문장에 달하는(상당하는) 연설을 했다.

مُعالَجة 취급; (정보, 업무 등의) 처리

보충심화학습

기구명사(اسمُ الآلةِ) 패턴

مِفْعال	مِثْقاب، مجداف، مزمار، مِفتاح، مِنشار
مِفْعَل	مِبْرَد، مِثْقَب، مِصْعَد، مِقَصّ، مِنْجَل، مِنْشَر
مِفْعَلَة	مِثْقَبة، مِدْخَنَة، مِرْوَحة، مِسْطَرة، مِلْعَقة، مِكْنَسة
فِعَال	جِهاز، حِجاب، سِتار، صِمام، غِطاء، قِطار
فاعول	حاسوب، طاحون، ناقور
فاعِلة	رافعة، ساقية، طائرة، قاطِرة
فَعّالة	بَرَّاية، ثلاّجة، درّاجة، سجّادة، سمّاعة، سيّارة، صفّارة، طفّاية، عصّارة، غسّالة، فتّاحة، كسّارة، نظّارة، ولاّعة

تاريخ الإنترنت

نتيجةً للحاجة إلى اتّصالٍ آمنٍ بين أجهزة الكمبيوتر، فقد قامت إدارةُ مشاريعِ البحثِ المُتَقَدِّمة بعملِ دراسةٍ حَوْلَ تِقْنِيات الاتّصال بين الأجهزة في السبعينات ومِنْ ثَمَّ وُلِدَ الإنترنت.

وَطيلةَ السنوات العشرين الأولى أُسْتُخْدِمَتْ شبكةُ الإنترنت في أغراضٍ عسكريةٍ وأكاديميةٍ فقط وعلى مُسْتَوَى كُلِّ دولةٍ على حِدةٍ ثمّ أخيرًا على مستوى العالم. إذا ما تمّ توصيلُ جهازَيْنِ عن طريق سِلْكٍ واحدٍ، فحتّى يتمَّ الاتّصالُ بينهما يُرْسِلُ أَحَدُهُمَا إشارةً لطلب البَدْءِ في الاتّصال ويَرُدُّ الجهازُ الآخرُ بالقَبولِ. أمّا إذا كان مشغولًا فهو يُعْطِي إشارةً ما تُفِيدُ طلبَ الانتظارِ. وإذا كان الجهازان يَستخدمان نفسَ البرنامجِ فإنّه يُمْكِنُ تَبادُلُ البياناتِ بسهولةٍ.

س ١) لماذا وُلد الإنترنت وأيّ مؤسّسة اخترعتهُ لأوّلِ مرّةٍ؟

س ٢) عندما يتمّ الاتّصال بين جهازَيْ الكمبيوتر على شبكة الإنترنت فماذا يحدث؟

어휘와 표현 연구

نتيجةً لـ...	…의 결과로
آمِن	안전한; 믿는, 믿음직한
إدارة	관리, 경영; (각종 부처) …국(局), 처(處), 실(室)
مَشْرُوع (ج ـات، مَشاريعُ)	계획된; 계획(안)
مُتَقَدِّم	앞선, 선진의
اتِّصال	접촉; 접속; 통신
إدارة مشاريع البحث المتقدّمة	고등연구계획국(ARPA : Advanced Research Projects Agency) 참 미국방부 산하에 설치된 연구프로젝트 수행 부서
مِنْ ثَمَّ	그 다음에, 그 후에, 그리고 나서
شَبَكة	그물, 망; 네트워크(network)
غَرَض (ج أَغْراض)	목적; 목표, 과녁; 물건
عَسْكَرِيّ	군사의, 군사적인
أكادِيميّ	학술적인, 학구적인, 학문적인; 비실용적인
على مُسْتَوى...	…의 차원에서; …의 수준에서
حِدة	단독; 고독, 독거 문 وَحَدَ의 동명사형
على حدةٍ	단독으로; 따로; 개별적으로, 각각
إذا ما... فحتّى~	…할 때마다 ~하다
تَوْصيل	연결; 결합; 배달
عن طَريق...	…을 통하여 (= من خِلال...)
يُرْسِل	보내다, 발송하다
أَحَد	하나; 한 사람(명) 문 أَحَد 뒤에 한정 쌍(복)수 명사를 취하여 '…중에 한 명'
طَلَب	요구, 수요; 요청, 부탁; 신청

어휘와 표현 연구

بَدْء 시작

طلب البدء في الاتّصال 통신개시요구

يَرُدُّ 대답하다, 응답하다; 답신을 보내다

مَشغول 바쁜, 분주한; (통신, 전화 등) 통화중

يُفيدُ 유익하다, 도움을 주다; 알리다, 통지하다; 설명하다

انْتِظار 기다림; 기대

نَفْسُ... 같은(동일한) …
참 نَفْسُ البَرْنامَجِ 같은 프로그램/ نَفْسُ الجامعة 같은 대학

تَبادُل 교환, 맞바꿈
참 تَبادُلُ الآراءِ 의견교환/ تَبادل الأَسْرَى 포로교환

بَيان (ج ـات) 해설, 설명; 선언, 성명, 포고, (복수) 데이터, 자료

إذا أَرَدْنَا إنْشاءَ اتّصال بين جهازَيْنِ بينهما مَسافة ٣٠٠٠ مَيْل، فإنّه باستخدام الإنترنت يتمّ إنشاءُ الاتّصال ونَقْلُ البَيانات بينهما بسرعة كما لَوْ أنّ المسافةَ بينهما مَعْدومةٌ.

في الثمانينات، شَهِدَتْ صِناعةُ الكمبيوتر والحَاسِباتِ تَطَوُّرًا هائلًا وتَبِعَها الإنترنت بالطبع، فقد زاد عَدَدُ الأجهزة المُتَّصِلةِ به.

أمّا التسعينات فهي تُمَثِّلُ بِدايةَ عَهْدِ الاتّصال الحقيقي بسبب التطوُّر الهائل في الاتّصالات العَسْكَرية المُعادةِ إلى هَجْرِ المُسْتَخْدِمين العَسْكَريين للإنترنت إلى نُظُمِ اتّصالاتٍ أُخْرَى، فأصبح الإنترنت كما هو الآن مجموعةً ضخمةً من أجهزة الكمبيوتر ومُسْتَخْدِمِيهَا حول العالم. ثمّ تمّ استخدامُ الصُوَرِ والرُسوماتِ فيها إلى جانِبِ النُصوص.

س ٣) في أيّ فترة قطعت صناعة الكمبيوتر والحاسبات شوطا كبيرا؟

س ٤) وضّحْ حالة الإنترنت في الوقت الراهن، خاصّة منذ التسعينات.

어휘와 표현 연구

إِنْشاء	설립; 구축; 개시
مَسافة	거리
مِيل	마일(mile)
اِسْتِخْدام	사용, 이용
نَقْل	이동, 이전; 운송, 수송, 전송
مَعْدوم	없는, 존재하지 않는; 잃은, 보이지 않는 ㊟ مَعْدوم القِيمةِ 가치 없는
كما لَوْ أنّ المسافةَ بينهما معدومة	마치 둘 사이에 거리가 없는 듯이
شَهِدَ	목격했다; 경험했다; (사건, 현장에) 있었다 ㊎ شَهِدَتْ كُوريا الجنوبيّة الألعابَ الأولمبية. 한국은 올림픽을 목격했다.(=한국에서 올림픽이 열렸다.)
صِناعة	산업; 생산
هَائل	막대한, 거대한; 무시무시한
تَبِعَ	(a)따랐다, 뒤따랐다; 추격했다; 추종했다
زَادَ	(i)늘어났다, 증가했다
مُتَّصِل بِـ...	…와 관련된; …와 연결된
يُمَثِّلُ	대표하다; 구현하다, 구체화하다; 차지하다; 나타내다
عَهْد (ج عُهود)	시대; 시기
حَقيقيّ	진정한, 진실한; 실제의, 실질적인; 현실적인
مُعاد إلى...	…와 관련된, …에 속한; …에 기인한
هَجْر	버림; 떠남
نِظام (ج نُظُم، أَنْظِمة)	질서; 체계, 체제(system); 규율, 법규
مَجْموعة	묶음; 집단, 그룹
ضَخْم	큰, 거대한; 장엄한
رسم (ج رسوم، رسومات)	그림, 회화; 그래픽(graphic)
إلى جانِبِ...	…에 더하여, …외에 (= بِالإضافة إلى...)
نَصّ (ج نُصوص)	본문; 텍스트(text)

보충심화학습

إِنَّ와 자매어의 활용

إِنَّ : قَالَ، حَيْثُ، إِذْ 뒤에 쓰임, 혹은 문장의 서두에 와서 강조의 의미를 나타냄

قَالَ مُحَمَّدٌ إِنَّهُ مِنْ بَغْدَادَ.　　　إِنَّ الامْتِحَانَ كَانَ صَعْبًا.

جِئْتُ إِذْ إِنَّ الشمسَ تُشْرِقُ.　　　اِجْلِسْ حيثُ إِنَّ الجلوسَ راحةٌ.

أَنَّ + (과거, 현재, 미래) 사실

ذَكَرتْ أَنَّ أَخَاهَا قَدْ نَجَحَ فِي الاِمْتِحانِ.　　　أَخْبَرَتِ الْجَرَائِدُ أَنَّ الرَّئِيسَ سَافَرَ الْيَوْمَ.

أَظُنُّ (أَعْتَقِدُ) أَنَّنَا سَنُسَافِرُ غَدًا.

※ أَخْبَرَ – عَلِمَ – عَرَفَ – ذَكَرَ – ظَنَّ – اِعْتَقَدَ – أَدْرَكَ – اِعْتَبَرَ – فَهِمَ – لاَحَظَ

أَنْ + (미래) 희망, 소망, 맹세, 의무, 불확실한 사실

أُحِبُّ أَنْ أَقْرَأَ كِتَابًا لِلْكَاتِبِ المِصْرِيِّ.　　　خَافَتْ أَنْ تُسَافِرَ بِالطَّائِرَةِ.

أَرْجُو أَنْ تَكُونَ فِي صِحَّةٍ جَيِّدَةٍ.

※ أَرَادَ – أَحَبَّ – خَافَ – أَمَلَ – اِسْتَطَاعَ – أَمْكَنَ – تَمَنَّى – رَجَا – تَوَقَّعَ – وَجَبَ

مَعْلوماتُك الشَخْصيةُ وكلماتُ مُرورٍ مَنيعة

إنّ كلماتِ المرورِ هي المَفاتيحُ التي تستخدمها للوُصول إلى معلوماتٍ شَخْصيةٍ قُمْتَ بتَخْزينِها على الكمبيوتر وفي حِساباتك عَبْرَ الإنترنت.
وإذا ما سَرَقَ المُجْرِمون أو غيرُهُمْ من المستخدمين الخُبَثاءِ هذه المعلومات، فَيُمْكِنُهُمُ اسْتخدامُ اسمِك لفَتْحِ حساباتِ بطاقةِ ائتمانٍ جديدة أو تقديمِ طلباتِ رَهْنٍ عَقاريٍ أو يَنْتَحِلون شخصيتك في المُعامَلات عبر شبكة الإنترنت. في حالات عديدة لن تَلْحَظَ هذه الهَجَمات إلاّ بَعْدَ فَواتِ الأَوان. لِحُسْنِ الحظِّ، ليس من الصَعْبِ إنشاءُ كلماتِ مرورٍ منيعة والمُحافَظةُ عليها وحِمايتُها.

س ١) متى تحتاج إلى كلمات المرور؟

س ٢) إذا سرق المجرم المعلومات الشخصيّة لغيره فماذا يتوقّع أن يفعل بها؟

어휘와 표현 연구

شَخْصِيّ	개인적인, 사적인
مُرور	통행(pass); 통과, 경과; 경유 참 كَلِمات مُرورٍ 암호, 패스워드(passwords)
مَنيع	튼튼한, 견고한, 공고한; 강한; 난공불락의
تَخْزين	저장
حِساب (ج ـات)	셈, 계산; 계좌; 계정 참 الحِساب عَبْرَ الإنترنت 인터넷 계정
عَبْرَ...	…을 통하여
إذا ما...	…할 때, …할 경우(조건)
سَرَق	(i)훔쳤다, 도둑질했다, 약탈했다, 빼앗았다
مُجْرِم	범죄자
خَبيث (ج خُبَثاءُ)	고약한, 악질의; 악성의
فَتْح	열기, 개방; 개장; 개설 참 فَتْحُ حِسابٍ 계좌개설
ائْتِمان	신용; 신임; 위임 참 بِطاقة ائتمان 신용카드
تَقْديم طَلَباتٍ	신청서 제출
رَهْن (ج رِهان، رُهون، رهونات)	저당, 저당물
عَقاريّ	부동산(의) 참 رهن عقاريّ 부동산담보대출
يَنْتَحِلُ	점유하다, 가로채다; 도용하다; 조작하다 예 انتحل شخصيّةً. 명의를 도용했다.
مُعامَلة	거래, 교역; (사람·사물에 대한) 대우, 처우
عَديد	(수) 많은, 많은 수의
يَلْحَظ	보다, 살피다; 일찰하다
هَجْمة (ج هَجَمات)	공격; 해킹(hacking)

어휘와 표현 연구

فَوات	(시간 등이) 지남, 흐름
أوان (ج آونة)	때, 시간 참 في أوانهِ 제때에, 제시간에, قبل الأوان 미리, 기한전에
لِحُسْنِ الحظّ	운 좋게, 다행히 (↔ لِسُوءِ الحظّ)
حِماية	보호, 수호; 비호

보충심화학습

불규칙복수 أَفْعِلَةٌ

فِعَالٌ، فُعَالٌ، فَعَالٌ، فَعِيلٌ 형태의 단수에서 3번째 자음이 약자음일 경우 أَفْعِلَةٌ 형의 불규칙 복수가 되는 경우가 있다.

فِعَالٌ	إِناء ج آنِية، جِهَاز ج أَجْهِزة، جِنَاح ج أَجْنِحة، حِذاء ج أَحْذِية، شِعَاع ج أَشِعَّة
فُعَالٌ	سُؤَال ج أَسْئِلَة، قُماش ج أَقْمِشة
فَعَال	أوان ج آونة، دَوَاء ج أَدْوِيَة، زَمَان ج أَزْمِنَة، طَعام ج أَطْعِمة، مَكَان ج أَمْكِنة
فَعِيلٌ	رَصِيد ج أَرْصِدَة، رَغِيب ج أَرْغِبَة، صَعِيد ج أَصْعِدَة
فَعُولٌ	عَمُودٌ ج أَعْمِدَةٌ

يَعْتَبِرُ المُهاجِمُ أنّ كلمةَ المرورِ المنيعةَ سِلْسِلةٌ من الأَحْرُفِ العَشْوائيةِ. يمكن أن تساعد المَعاييرُ التاليةُ كلماتِ المرورِ على أن تكون منيعةً:

اِجْعَلْهَا طويلةً. يَزيدُ كلُّ حرفٍ تُضيفُهُ إلى كلمة المرور الحِماية التي تُقَدِّمُهَا بشكلٍ مُضاعَفٍ مرّاتٍ عديدةً. يجب أن تتألّف كلماتُ المرور مِنْ ٨ أَحْرُفٍ أو أكثرَ؛ وتتألّف كلمة المرور المِثاليةُ من ١٤ حرفًا أو أكثرَ.

تَعْتَمِدُ أَنْظِمةٌ عديدةٌ شَرِيطَ المَسافةِ في كلمات المرور، لذا يمكنك إنشاءُ عبارةٍ تتألّف من كلمات عديدة "عبارةُ مرورٍ". غالبًا ما يَسْهُلُ تَذَكُّرُ عبارةِ المرورِ أكثر من كلمة المرور البسيطة، وهي أَطْوَلُ ويَصْعُبُ كَشْفُها.

قُمْ بتَرْكيبِ الأحرف الأَبْجَديةِ والأَرْقام والرموز. كُلَّمَا كانت الأحرفُ مُتَنَوِّعةً أكثرَ في كلمة المرور، صَعُبَ كَشْفُهَا.

س ٣) أيّ كلمات مرور يرى المهاجم أنّها منيعة؟

س ٤) اذكرْ كيفيّة جعل كلمات المرور منيعة.

어휘와 표현 연구

مُهاجِم	공격자, 침입자, 해커(hacker)
سِلْسِلة من...	일련의 …, 연속적인
حَرْف (ج حُروف، أَحْرُف)	문자; 글자
عَشْوائيّ	무작위의(random); 무분별한, 무차별적인
مِعْيار (ج مَعايِير)	기준, 척도; 규격, 표준
تالٍ	다음의, 계속되는 문 تَلا의 능동분사
يَزِيدُ	증가시키다; 증가되다
يُضِيفُ... إلى~	…을 ~에 첨가하다; 첨부하다; 덧붙이다
مُضاعَف	배가된; 두 배의; 이중의
مِثاليّ	이상적인
يَعْتَمِدُ	승인하다; 의지하다, 의존하다(على)
شَرِيط (ج أَشْرِطة)	리본, 테이프; 코드, 라인
شَرِيط المَسافة	컴퓨터 자판 상단에 위치한 밑줄(_)기호 참 muhammad_ahmad_1234
عِبارة	표현; 구(句), 문구
عِبارة مرور	암호문(구); 패스프래이즈(passpharase)
غالب	대부분의
يَسْهُلُ	…하기 쉽다; (길 등이) 평평하다, 평탄하다
تَذَكُّر	기억; 회상
بَسِيط	간단한; 평이한, 단순한
يَصْعُبُ	…하기 어렵다; 힘들다
كَشْف	발견; 폭로, 노출; 진찰, 검진
قُمْ بـ...	…을 행하시오(명령형)
تَرْكِيب	구성, 구조; 조립; 배합, 합성
أَبْجَدِيّ	알파벳의, 알파벳 순서의
رَمْز (ج رُمُوز)	상징
كُلَّمَا... ~	…하면 할수록 ~한다
مُتَنَوِّع	다종의; 다양한, 각양각색의

보충심화학습

جَمْعُ القِلّةِ 적은 수의 복수

오늘날 아랍인은 대화 시 '적은 수의 복수'에 큰 의미를 부여하지 않는다. 그러나 화자가 이런 류의 복수형을 의도적으로 사용할 경우, 다른 형태의 복수형보다 그 수가 적다는 생각이 내재되어 있음을 강조한다.

예를 들어 특정 화자가 ثلاثة شهور 이라고 이야기한다면 '3개월이란 긴 시간'을 의미하지만, ثلاثة أشهر 이라고 이야기한다면 '3개월만'이라는 의미가 된다. 다음은 적은 수의 복수의 대표적인 예이다.

أَفْعُلٌ : أشهر، أنفس　　　أَفْعَالٌ : أثواب، أبحاث　　　فِعْلَةٌ : فِتْيَةٌ

노동

إضرابات نقابات العمال في ألمانيا

قال أرباب العمل وممثّلو اتّحاد نقابات العمّال في ألمانيا آي جي ميتال إنّهم توصّلوا لاتّفاق من أجل إنهاء سلسلة من الإضرابات كانت نقاباتُ العمّال قد نظّمتها بسبب الخلاف حول الأجور. وقال متحدّث باسم النقابة إنّ الاتّفاق قد أُبرم بعد مفاوضات استغرقت طوال اليوم في منطقة بان فورتمبرج. ومن المتوقّع أن يُحَدَّدَ النمط الذي ستسير على منواله نفسُ الاتّفاقيات بين العمّال وأرباب العمل في جميع أنحاء ألمانيا.

وكان يشارك في الإضرابات أكثر من مائة ألف عامل من نحو ثمانين شركة، وذلك للمطالبة بزيادة أجورهم بنسبة أربعة بالمائة على الأقلّ. ويُعتقد أنّ الاتّفاق نصّ على زيادة أجور العمّال بنسبة أربعة في المائة في شهر حزيران/ يونيو المقبل، مقابل زيادتها بنسبة أقلَّ العامَ القادم.

وقال مراسل بي بي سي في برلين إنّ إبرامَ الاتّفاق سيثير ترحيبا وارتياحا من المستشار الألماني جيرهارد شرودر الذي يواجه معركةً صعبةً لإعادة انتخابه في وقت لاحق من العام الحالي. وكان مراسل بي بي سي الاقتصادي لأوروبا باتريك بارلايت قد قال إنّ الإضراب يُعتبر بمثابة اختبار لسلطة مستشار ألمانيا جرهارد شرودر الذي لم تُفْلِحْ إصلاحاتُه الاقتصادية المتواضعة في إيجاد حلّ لهذا النزاع.

س ١) لماذا يشارك في الإضرابات أكثر من مائة ألف عامل من نحو ثمانين شركة؟

س ٢) لماذا يرحّب المستشار الألماني جورهارد شرودر بإبرام هذا الاتّفاق؟

어휘와 표현 연구

رَبّ العَمَل (ج أَرْبَاب العَمَل)	고용주
اتِّحاد نِقابات العُمّال	노동조합연합회, 연맹
اتّحاد نقابات العمّال في ألمانيا آي جي ميتال	독일(금속)노동조합(IG Metal) ㊟ 유럽 산별노조의 중심이자 우리나라 민주노총 산별노조의 모델이다.
إِضْراب (ج ـات)	파업 ㊅ إضراب عن العمل 파업, 태업
أَجْر (ج أُجور)	임금, 품삯, 보수; 요금
أُبْرِمَ	체결되었다, 비준되었다 ㊫ أَبْرَمَ 의 수동태
طِوالَ اليومِ	하루 종일, 온종일
نَمَط (ج أَنْماط)	양식, 방식; 형태, 모양
مِنْوال (ج مَناوِيلُ)	방법, 방식, 형식
عَلى مِنْوال...	…처럼, …같이
يُثيرُ	야기시키다, 일으키다
ارْتِياح	편안함, 휴식; 만족, 안도감
مُسْتَشار	고문; (독일)총리
المستشار الألماني جيرهارد شرودر	게르하르트 슈레더 독일 총리
مَعْرَكة (ج مَعارِكُ)	전투, 전쟁, 싸움
إعادة انْتِخاب	재선
بِمَثابةِ...	…와 같은 자격으로, …로서; …와 같은(비슷한)
يُفْلِحُ	성공하다, 목적을 달성하다
الإِصْلاحات الاقْتِصادِيّة	경제개혁
مُتَواضِع	겸손한; 많지 않은, 중요하지 않은, 미미한
نِزاع (ج ـات)	분쟁, 논쟁; 투쟁

아랍어 한마디

안성맞춤 الطَّنْجَرَة لَقِيَتْ غِطَاءَها.

وحثّ عدد من الاقتصاديين الألمان أربابَ العمل على عدم الاستسلام لمطالب العمّال، مؤكّدين أنّ الثقافة الألمانية الصناعية تحتاج إلى عملية تحديث. وكانت مدينةُ شتوتجارت الصناعية أُولى المدن التي خرج فيها العمّال من مصانعهم بسبب قوّة اتّحادات العمّال التي تضمّ نحو ٢.٧ مليون عامل في سلسلة من الإضرابات تستمرّ يوما واحدا. يُذكر أنّ نقابات العمّال التي تمثّل عمّال المعادن والهندسة تطالب بزيادة الأجور بنسبة ٦.٥%.
وعلى خلاف الإضرابات السابقة حاول عمّال اتّحاد آي جي ميتال أسلوبا جديدا يُدْعى الإضراباتِ المرنة ويَسْعَون لنشره في جميع أنحاء البلاد. وقال بعض المحلّلين إنّ هذه الإضرابات قد تؤدّي إلى تلاشي آثار أيّ انتعاش اقتصادي كان قد بدأ يظهر على أكبر القوى الاقتصادية الأوروبية.

س ٣) لماذا سبقت مدينة شتوتجارت الصناعية مدنا أخرى في الإضراب؟

س ٤) ما الأسلوب الجديد الذي حاول اتّحاد عمال آي جي ميتال في إتباعه؟

어휘와 표현 연구

حَثَّ... على~	(u) …에게 ~을 촉구하였다, …가 ~하도록 부추겼다.
اسْتِسْلام	항복, 투항; 복종, 순종
مَطْلَب (ج مَطالِبُ)	요구, 필요
عَمَلِيّة تَحْديث	근대화 과정, 현대화 작업
اتّحادات العُمّال	노동자연합
يَضُمُّ	모으다, 수확하다; 포함하다, 함유하다
مَعْدَن (ج مَعادِنُ)	광산; 광물, 금속
هَنْدَسة	공학, engineering
عَلى خِلافِ...	…와는 달리
أُسْلوب (ج أَساليبُ)	형식, 문체, 형태
يُدْعَى...	…라 불리우는 (= يُسَمَّى...)
الإِضْرابات المَرِنة	유연한 파업, 유동적인 파업
يَسْعى لِـ...	…하려고 애쓰다, …하려고 노력하다
مُحَلِّل	분석가
تَلاشٍ	사라짐, 소멸
انْتِعاش اقْتِصاديّ	경기회복
يَظْهَرُ عَلى...	…에서 나타난다, 발생한다
أَكْبَر القُوَى الاقْتِصادِيّة	경제대국

보충심화학습

종류집합명사 (اسم الجنس الجمعي)

아랍어에서 종류집합명사는 형태상으로 단수와 같지만, 실제로는 집단 전체를 나타내는 말이다. 종류집합명사의 단수형은 어말에 ـِيّ / ـِيَّة을 첨부해서 만든다.

의미	복수의 의미를 갖는 집합명사	집합의 한 사람을 나타내는 말
아랍인	عَرَب	عَرَبِيّ
러시아인	رُوس	رُوسِيّ
독일인	أَلْمَان	أَلْمَانِيّ
터키인	تُرْك	تُرْكِيّ
유목민	بَدْو	بَدَوِيّ، بَدْوِيّ
군인	جُنْد	جُنْدِيّ

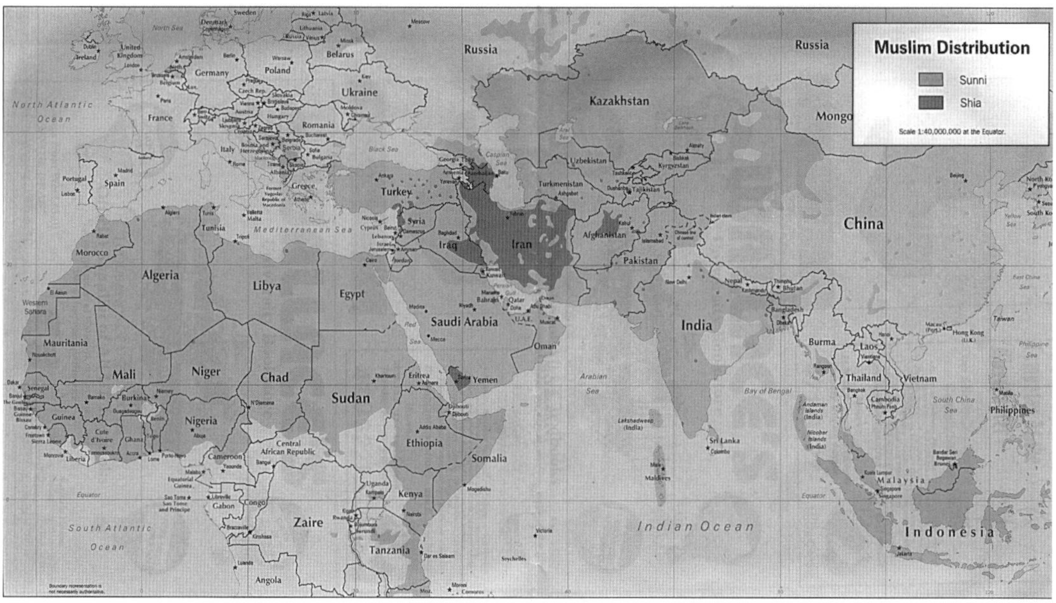

무슬림 분포지역

2

ماليزيا تستعين بعمالة باكستانية لسَدِّ عجز الوظائف

تعتزم ماليزيا الاستعانةَ بنحو ١٠٠ ألف عاملٍ باكستاني لسَدِّ العجز الحادّ في سوق العمل الماليزية، الذي نتج عن الحملة الصارمة التي شَنَّتْها البلادُ لطرد العمالة الأجنبية غير المشروعة خاصّة الإندونيسية.
وقال وزير الداخلية الماليزي عزمي خالد في تصريحات صحفية إنّ الحكومةَ وقَّعت أمس اتّفاقا مع الحكومة الباكستانية يسمح للعمّال الأجانب بالعمل في جميع القطاعات من البناء إلى الصيد في المياه العميقة. وأضاف أنّه ليست هناك خطط في الوقت الحالي لاستقدام عمّال من دول أخرى.
وكانت الحكومة ذكرت في وقتٍ سابقٍ أنّها ستبحث أيضا استقدامَ عمّالٍ من الصين وفيتنام وميانمار والهند.
وذكرت صحيفة "نيو ستريتس تايمز" الماليزية أنّ الحكومةَ ذَكَرَتْ أنها بِحَاجَةٍ إلى ٣٢٠ ألف عاملٍ لقطاعات الصناعة والزراعة والبناء والخدماتِ. يُشَارُ إلى أَنَّ خبراءَ حَذَّرُوا من احتمال تراجع معدّل النموّ الاقتصادي الماليزي بسبب تلك المشكلة إلى ما دُونَ المُسْتَوَى المُتَوَقَّعِ للعام الحالي البالغ أكثرَ من ٥%. جاء ذلك بعد أن بلغ عددُ المهاجرين غير الشرعيين الذين أُضْطُرُّوا لمغادرة الأراضي الماليزية من جَرّاءِ تلك الحملة نحو ٤٥٠ ألف شخصٍ.

س ١) لماذا تعاني ماليزيا العجز الحادّ في سوق العمل؟

س ٢) بماذا يسمح الاتّفاق الماليزي والباكستاني للعمّال الأجانب؟

س ٣) مما حذّر الخبراء الاقتصاديون بعد مغادرة نحو ٤٥٠ ألف عامل غير شرعي؟

어휘와 표현 연구

يَسْتَعِينُ بـ... …을 이용하다, …에게 도움을 구하다

سَدّ 막음, 메움, 채움
(참) سدّ الفجوة الرقميّة 정보화 격차의 해소

عَجْز الوَظائف 일자리 부족

شَنَّ 캠페인을 펼쳤다; 공습했다(على)
(예) شَنَّتْ إِسْرَائِيل عُدْوَانًا على قِطَاع غَزَّة.
이스라엘은 가자 지구를 공습했다.

حَمْلة 공격, 운동, 캠페인
(참) شنّ حملة : 캠페인을 펼쳤다, 공격을 했다

عِمالة 노동력, 노동자들

غَيْر مَشْرُوع 비합법적인, 불법의

يَعْتَزِمُ 마음먹다, 작정하다

سوق العَمَل 노동시장

نَتَجَ عَنْ... …로부터 비롯되었다, (결과가) 빚어졌다

صارِم 엄격한, 날카로운

طَرْد 추방, 해고

تَصْرِيحات صُحُفِيّة 언론 성명, 언론 브리핑

وَقَّعَ اتّفاقًا 협정을 체결했다

الصَّيْد في المياه العَميقة 심해 어업

اسْتِقْدام 초빙, 초대; 소환

صَحيفة "نيو ستريتس تايمز" الماليزيَّة 말레이시아 '뉴 스트레이츠 타임즈'지
(참) وكالة يونهاب للأَنْباء 연합뉴스

احْتِمال 가능성

مُعَدَّل النُّمُوّ الاقتصاديّ 경제성장률

ما دُونَ 미만

어휘와 표현 연구

المستوى المُتَوَقَّعُ للعام الحالي البَالِغُ أكثرَ من ٥%	5% 이상으로 예상되는 올해 수준
مُهاجِر	이주자
أُضْطُرَّ لـ...	어쩔 수 없이(할 수 없이) … 했다
مِنْ جَرّاء...	…때문에, …로 인해

3

البطالة في العالم العربي.. أسباب وتحدّيات

تُعتبر البطالةُ إحدى أخطر المشكلات التي تُواجه الدولَ العربية، وهي أعلى معدّلات البطالة في العالم. وحسب تقرير لمجلس الوحدة الاقتصادية التابع لجامعة الدول العربية، صدر عام ٢٠٠٤، قُدّرتْ نسبةُ البطالة في الدول العربية ما بين ١٥% و٢٠%. وكان تقرير منظّمة العمل الدولية قد ذكر في عام ٢٠٠٣ أن متوسّط نسبة البطالة في العالم وصل إلى ٦.٢%، بينما بلغت النسبة في العالم العربي في العام نفسه ١٢.٢%.

وتتزايد سنويا بمعدّل ٣%. وتنبّأ التقرير بأن يصل عدد العاطلين في البلاد العربية عام ٢٠١٠ إلى ٢٥ مليون عاطلٍ. وما يجعل هذه القضيةَ من أكبر التحدّيات التي تُواجه المجتمعاتِ العربية، هو أن ٦٠% تقريبا من سكّانها هم دون سنّ الخامسة والعشرين.

س ١) ما نسبة البطالة في العالم العربي في عام ٢٠٠٣ حسب تقرير منظّمة العمل الدولية؟

س ٢) متى يصل عدد العاطلين في العالم العربي إلى ٢٥ مليون عاطل حسب التقرير؟

어휘와 표현 연구

بَطالة، بِطالة	실업
وَاجَهَ	직면했다; 닥쳤다
مُعَدَّل (ج ـات)	평균; 비율
تقرير (ج تَقارِيرُ)	보고서
مجلس الوحدة الاقتصادية التابع لجامعة الدول العربية	아랍경제통합위원회(CAEU: Council on Arab Economic Unity) ㊟ 1964년에 설립된 아랍연맹 산하 위원회
تابع لـ...	…에 속하는, 산하의
صَدَرَ	(u) 나왔다; 발표(공표)되었다
قُدِّرَ...	…로 추정(상정)되었다; 값이 매겨졌다
منظّمة العمل الدولية	국제노동기구(ILO: International Labor Organization)
مُتَوَسِّط نسبة البطالة	평균실업률
في العامِ نفسِهِ	같은 해에 (앞서 언급된 해를 다시 언급할 때)
تَزَايَدَ	점증하였다; 점차(차츰) 증가하였다
تَنَبَّأَ بأن...	…을 예측 · 예고하였다
عاطل	실업자
قضية (ج قَضايَا)	문제; 일
دُونَ سِنِّ الخامسة والعشرين	25세 미만

보충심화학습

아랍 주요 국가와 수도 명칭 및 화폐단위

국가명	약자	국가명(한국어)	수도	수도(한국어)	화폐
المملكة الأردنّية الهاشمية	JO	요르단	عمّان	암만	الدينار
الإمارات العربية المتّحدة	UAE	아랍에미리트	أبو ظبي	아부다비	الدرهم
مملكة البحرين	BH	바레인	المنامة	마나마	الدينار
الجمهورية التونسية	TN	튀니지	تونس	튀니스	الدينار
الجمهورية الجزائرية الديمقراطية الشعبية	DZ	알제리	الجزائر	알제	الدينار
جمهورية السودان	SD	수단	الخرطوم	카르툼	الدينار
الجمهورية العربية السورية	SY	시리아	دمشق	다마스쿠스	الليرة
جمهورية العراق	IQ	이라크	بغداد	바그다드	الدينار
المملكة العربية السعودية	SA	사우디아라비아	الرياض	리야드	الريال
سلطنة عُمان	OM	오만	مسقط	무스카트	الريال
فلسطين	PS	팔레스타인	رام الله	라말라*	-
			القدس	예루살렘**	-
دولة قطر	QA	카타르	الدوحة	도하	الريال
دولة الكويت	KW	쿠웨이트	الكويت	쿠웨이트	الدينار
الجمهورية اللبنانية	LB	레바논	بيروت	베이루트	الليرة
دولة ليبيا	LY	리비아	طرابلس	트리폴리	الدينار
جمهورية مصر العربية	EG	이집트	القاهرة	카이로	الجنيه
المملكة المغربية	MA	모로코	الرباط	라바트	الدرهم
الجمهورية اليمنية	YE	예멘	صنعاء	사나	الريال

ووصفت منظّمة العمل العربية، في تقريرٍ نُشر في شهر مارس ٢٠٠٥، الوضعَ الحالي للبطالة في الدول العربية بـ"الأسوأ بين جميع مناطق العالم دون مُنَازِعٍ"، وأنّه "في طريقه لتجاوزِ الخطوط الحمراء". ويجب على الاقتصادات العربية ضخُّ نَحْوِ ٧٠ مليارَ دولارٍ، ورفعُ معدّل نموّها الاقتصادي من ٣% إلى ٧%، واستحداثُ ما لا يَقلّ عن ٥ ملايينِ فرصةِ عملٍ سنويا، حتّى تتمكّنَ من التغلّب على هذه المشكلة الخطيرة، ويتمَّ استيعابُ الداخلين الجُدُد في سوق العمل، بالإضافة إلى جزءٍ من العاطلين.

وأكّد مشارِكون في "المنتدى الإستراتيجي العربي" الذي عُقد في دبي في ديسمبر ٢٠٠٤، أنَّ على صنّاع القرار في العالم العربي التخطيطَ لتوفيرِ ما بين ٨٠ و ١٠٠ مليونِ فرصةِ عملٍ حتّى عام ٢٠٢٠، حيث يبلغ حجمُ القوى العاملة في الوطن العربي حاليا ١٢٠ مليونَ نسمة، يُضاف إليها كلَّ عامٍ ثلاثةُ ملايين و٤٠٠ ألفِ عاملٍ.

س ٣) ماذا يجب على الاقتصادات العربية أن تفعل حتّى تتمكّن من التغلّب على هذه المشكلة؟

س ٤) كم عاملا يُضاف إلى القوى العاملة في الوطن العربي كلّ عام حتّى عام ٢٠٢٠؟

어휘와 표현 연구

منظّمة العمل العربية	아랍노동기구(Arab Labor Organization, ALO)
الأسوأ بين جميع مناطق العالم	전 세계에서 최악
دون مُنَازِعٍ	논할 여지없이, 반박의 여지없이, 명백히
خطوط حمراء	레드라인(red line); 금지선
ضخّ	(퍼)붓기 (= صبّ)
معدّل النموّ الاقتصادي	경제성장률
اسْتِحْداث	새롭게 만듦; 창출
ما لا يَقِلّ عن...	…이상
فُرْصَة عَمَلٍ (ج فُرَص عَمَلٍ)	일자리
تغلُّب على...	…을 극복
استيعاب	수용
المنتدى الإسْتِرَاتِيجِي العربي	아랍전략포럼
صانع القرار (ج صُنّاع القرار)	결정권자
قُوًى عاملة	노동력
نسمة	명(名); 사람

보충심화학습

전치사를 동반하는 자동사의 수동분사 형태

이처럼 전치사를 통해서 목적어를 나타내는 자동사의 수동분사는 전치사가 같이 사용되어야 수동분사의 의미를 나타낸다. 이때 전치사 뒤에 사용되는 대명사로 대상의 성을 나타낸다.

예) محكوم عليه 선고를 받은 남자, مَحْكُوم عليها 선고를 받은 여자

مرغوب فيه 희망하는, 바라는

مُتّفَق عليه 합의된, 일치된

مشار إليه 위에서 말한, 지시한, 상술한

مقبوض عليه 체포된, 구금된

مؤمَّن عليه 보험에 가입된

مبالَغ فيه 과장된

مُرْسَل إلَيْه 수신인, 받는 사람

مشكوك فيه 의심스러운, 수상한

معتمَد عليه 의지할만한, 믿을만한

سبب ومسبَّب منه 원인과 결과

جانٍ ومَجْنِيّ عليه 범인과 피해자

حاكم ومحكوم عليه 판사와 형 선고 받은 자

허가된 (통행 제한 차량) 높이 2.5m

인권

أوباما يؤكّد عزمَهُ إغلاق غوانتانامو

جدَّد الرئيس الأمريكي باراك أوباما التزامَهُ بإغلاق مُعتقَل غوانتانامو رغمَ الجدلِ الذي أثارَه ذلك القرارُ، كما رفض التحقيقَ في سياسة الإدارة السابقة بشأن مكافحةِ ما يُسَمَّى الإرهابَ.

وأكّد أوباما في خطاب أمام مجلس الأمن الأمريكي أنّه اتّخذ قرارَ إغلاقِ غوانتانامو بعدما تَبَيَّنَ أنّ ذلك السجن لم يُصِبْ في مصلحة الأمن القومي للبلاد، وإنّما زاد من عدد مَنْ سَمَّاهم الإرهابيين.

كما دافع عن قرار الإغلاق بالقول إنّه من أصل مئات الذين ظلّوا معتقَلين في غوانتانامو لنحو سبع سنوات، لم تتمّ إدانة سِوَى ثلاثةِ أشخاص، مضيفا أنّ الولايات المتّحدة تعرّضت لانتقادات كثيرة بشأن سجنِ غوانتانامو.

وأوضح الرئيس الأمريكي أنّ المعتقلين الموجودين حاليا في غوانتانامو سيتمّ نقلهم إلى سجون أخرى داخل الولايات المتّحدة، مؤكّدا أنّه لن يتمّ إطلاق سراح مَنْ يُعتقد أنّهم قد يشكّلون تهديدا لأمن البلاد. وقال إنّهُ لا يستطيع تجاهل الأحكام السابقة في حقّ بعض معتقلِي غوانتانامو وأكّد التزامَه بها.

س ١) لماذا تعرّضت الولايات المتّحدة لانتقادات كثيرة بشأن سجن غوانتانامو؟

س ٢) إلى أين ينتقل المعتقلون الموجودون حاليا في غوانتانامو؟

어휘와 표현 연구

التزام بـ...	…을 지킴, 준수, 책임을 짐
أثار	일으켰다, 자극했다, 선동했다
أثار الجَدَل	논쟁을 불러 일으켰다
رَفَض	(u) 거절했다, 거부했다
تحقيق في...	…을 조사, 심문, 수사 참 إجراء التحقيق في الانفجار 폭발 (진상)조사 실시
سِياسة الإدارة السابقة	지난 행정부 정책
مُكافَحة ما يُسَمَّى الإرهابَ	테러라 불리는 것의 퇴치
خِطاب (ج ـات)	연설
مَجْلِس الأمْن الأمريكي	미국국가안전보장회의 참 국가안보회의 또는 NSC(National Security Council) (مجلس الأمن القومي الأمريكي =)라고도 한다. 국내정책, 외교정책, 군사정책의 통합 등에 관하여 대통령에게 자문하는 최고국방회의
اتّخذ القرار	(결의, 결정)안을 채택했다
تَبَيَّن	명백해졌다
لم يُصِبْ في...	…에 맞지 않았다, 적합하지 않았다
مَصْلَحة الأمْن القوميّ	국가안보의 이익
عدد مَنْ سَمَّاهم الإرهابيّين	그들을 테러리스트라고 칭한 사람들의 수
لم... إنّما~	(사실은) …이 아니라 (오히려) ~였다
دَافَعَ عن...	…을 지켰다, 비호하였다, 방어하였다, 변호하였다
مِنْ أصْل...	원래; … 중에서
مِئات الذين...	수백 명의 …한 사람들 참 مِئات الفلاّحين 수백 명의 농부, عَشَرات العائلات 수십 가구
إدانة	유죄 판결

어휘와 표현 연구

لم... سِوَى...	~밖에 …하지 않았다 لم ننتظر سوى يوم واحد. ⓔ 우리는 하루밖에 기다리지 않았다.
تَعَرَّضَ لـ...	…에 노출되었다, 겪었다
انْتِقاد (ج ـات)	비난, 비판
إطْلاق سَراح	석방, 해방
تَهْديد لـ...	…을 위협
تَجاهُل	무시, 모른 척 함
الأَحْكام السابقة	이전의 판결
في حقّ...	…에 있어서, 관해서 (= بحقّ...)

وتعهّد أوباما بإيجاد إطار قويّ لضمان حماية الأمن القومي للبلاد، مشيرا إلى أنّ ذلك يتطلّب موازنةً دقيقةً.

وقال أوباما إنّ إدارته تعْكِفُ حاليا على مراجعة شاملة للطبيعة السرّية لعمل الدولة، مؤكّدا أنّ الأمنَ القومي ليس كتابا مفتوحا وأنّ السرّية مطلوبة.

وذكر أنّه قرّر وقفَ أساليب الاستجواب التي تعتمد على التعذيب وكشفَ بعض الوثائق المتعلّقة بتلك السياسات التي تعود إلى فترة الرئيس السابق جورج بوش.

ودافع أوباما عن قراره عدمَ الكشف عن وثائق أخرى وصور عن أساليب التعذيب، مبرِّرا ذلك بأنّ من شأنه تعريضَ أمن الولايات المتّحدة للخطر.

ورفض الرئيس الأمريكي الدعوةَ إلى تشكيل لجنة تحقيق في سياسات مكافحة ما يُسَمَّى الإرهابَ التي كانت متّبعة في ظلّ الإدارة السابقة، ودعا الأمريكيين إلى التركيز على تحدّيات المستقبل.

س ٣) ماذا قرّر الرئيس الأمريكي بما يتعلّق بسياسات فترة الرئيس السابق؟

س ٤) ماذا رفض الرئيس الأمريكي؟

어휘와 표현 연구

تَعَهَّد بـ...	…을 약속했다
مُوازَنة دَقيقة	정확한 균형, 밸런스
يَعْكُفُ على...	(u) …에 몰두하다, 매진하다
الطبيعة السرّية	비밀스러운 특성(기밀성)
السرّية مَطْلوبة	기밀성이 요구된다
أساليب الاسْتِجْواب	심문 방법
تَعْذيب	고문
الوَثائِق المُتَعَلِّقة بتلك السِياسات	그 정책들과 관련된 문서
مُبَرِّرًا	정당화 하면서
مِنْ شَأْنِهِ...	그것은 (속성상) …한다
تَعْريض أمْن الوِلايات المُتَّحِدة للخَطَر	미국의 안보를 위험에 노출(처하게 함)
تَشْكيل لَجْنة تَحْقيق في...	…에 관한 진상조사위원회 구성
مُتَّبَع	통용되는, 일반적인, 보통의
دَعا... إلى~	(u) …에게 ~을 촉구했다
تَرْكيز على...	…에 집중

보충심화학습

모란이 피기까지는	لحين تتفتح أزهار عود الصليب
김영랑	كيم يونغ رانغ
모란이 피기까지는	لحين تتفتح أزهار عود الصليب
나는 아즉 나의 봄을 기둘리고 있을 테요	سأكون في انتظار ربيعي
모란이 뚝뚝 떨어져 버린 날	في اليوم الذي تتساقط فيه الأزهار
나는 비로소 봄을 여읜 설움에 잠길 테요	سأكون للمرة الأولى قد غرقت في آسى فقدان الربيع
오월 어느 날 그 하루 무덥던 날	في يوم حارٍ من أيام شهر مايو
떨어져 누운 꽃잎마저 시들어 버리고는	حتى أوراق الأزهار التي تساقطت تتلاشى
천지에 모란은 자취도 없어지고	تختفي آثار زهرة عود الصليب من الأرض والسماء
뻗쳐 오르던 내 보람 서운케 무너졌느니	يتداعى معنى حياتي معها
모란이 지고 말면 그뿐 내 한 해는 다 가고 말아	مع تساقط زهرة عود الصليب ترحل سنة كاملة من حياتي
삼백예순 날 하냥 섭섭해 우옵내다	يوما أبكي في آسى عميق 360
모란이 피기까지는	لحين تتفتح أزهار عود الصليب
나는 아즉 기둘리고 있을 테요 찬란한 슬픔의 봄을	سأكون في انتظار حزن الربيع الفاتن

※ Hasan, Esraa(2015). "Arabic translation of the representative works in the Korean poetry", 연세대학교 대학원 국어국문학과 석사학위 논문.

2

بغداد تدعو الجوارَ لتخفيف معاناة لاجئيها وتدين إذلالَهم

دَعَتْ بغداد الدولَ المجاوِرةَ المضيفةَ لأكثر من مليونَيْ لاجئٍ للكفّ عن الإساءة إليهم ومنع إعادتهم بالقوة، وتسهيل مَنْحِ الإقامات لهم وإعفائهم من أي غرامات مترتِّبة على عدم الحصول عليها.

وقال محمّد الحاجّ حَمّود نائبُ وزير الخارجية العراقي في مؤتمر الدول المضيفة للاجئين العراقيين بالبحر الميْت بالأردنّ إنّ على دول الجوار تخفيفَ معاناة مئات الآلاف مِنَ الذين فَرُّوا جرّاءَ أعمال العنف منذ الغزو الأمريكي للعراق في ٢٠٠٣.

وأضاف حمّود أن "الواجبَ الإنسانيَ والأخلاقيَ يفرِض أنْ تقدّم يدَ العَوْنِ اللازم لتخفيف أعباء النازحين وتسهيل إقامتهم لِحِينِ تهيئة الظروف الملائِمة لعودتهم إلى وطنهم"، مُطالِبًا في الوقت نفسه بدمج اللاجئين بالمدارس الحكومية والمراكز الصحّية بالدول المضيفة.

كما تطرّق رئيس الوفد العراقي إلى أنّ مواطنين يحملون جوازاتِ سفرٍ صحيحة وتأشيراتِ دخولٍ تعرّضوا للاحتجاز بصورة "مُذِلّة" في المطارات لأيام قبل ترحيلهم دون مُبَرِّرٍ، مشيرا إلى أنّ جهود منع تدفّق اللاجئين من قبل دول كالأردنّ وبشكل أقلّ سوريا أدّت إلى سوء معامَلة عند المعابر الحدودية.

س ١) إلى ماذا دعا العراق الدول المضيفة لأكثر من مليوني لاجئ عراقي؟

س ٢) ماذا يفرض الواجب الإنساني والأخلاقي على الدول المجاورة للعراق؟

어휘와 표현 연구

معاناة لاجئين	난민들의 고통, 난민들의 난관
يُدِينُ	비난하다, 규탄하다; 유죄 판결하다; 돈을 빌려주다
إِذْلال	천대, 천시, 학대, 경시; 굴복시킴
مُضيف	손님을 접대하는, (손님을 접대하는)주인
الدول المُجاوِرة	이웃 국가 참 الدول المُجَاوِرة المضيفة لأكثر من مليونَيْ لاجئ 2백만명 이상의 난민을 받아들인 이웃국가들
كَفّ عن...	…을 중단, 중지; …을 삼가, 피함
إساءة... (إلى...)	…을 모욕, 모독; 해를 끼치는 것
بالقوة	강제로, 힘으로, 무력으로
تسهيل	편리하게 함, 용이하게 함
منح الإقامات لـ...	…에게 거주증 부여, …에게 거주(체류) 허가
إعفاء من(عن)...	…을 면제, …로 부터 해방
غَرامة (على...)	(…에 대한) 벌금, 배상금
مُتَرَتِّب على...	…로 부터 초래된, 도출된, 빚어진
مؤتمر الدول المضيفة للاجئين العراقيين	이라크 난민 비호국 회의
البحر الميْت	사해
جَرّاءَ...	…때문에, …로 인하여 (= مِنْ جَرّاءِ...)
أعمال العنف	폭력 행위
الواجب الإنساني والأخلاقي	인도적 도덕적 의무
يُقَدِّمُ يدَ العَوْنِ	도움의 손길을 제공하다
لِحِين...	…때 까지
ملائم لـ...	…에 적합한, 알맞은
مُطالِبًا... بـ ~	…에게 ~을 요구하면서

어휘와 표현 연구

دَمْج... بـ ~	…를 ~에 가입시킴, 들여 보냄
تطرّق إلى...	…을 이야기했다, 언급했다, 다루었다
احتجاز	억류
بصورة مُذِلّة	굴욕적으로, 비굴하게, 수치스럽게
دون مُبَرِّرٍ	이유(근거) 없이
منع تَدَفُّق اللاجئين	난민들의 유입 금지
سُوء مُعامَلة	천대, 푸대접, 학대
مَعْبَر حُدودي (ج مَعابِرُ حُدوديّة)	국경 초소

ولم يَصْدُرْ تعليقٌ من الأردنّ أو سوريا على تلك التصريحات الرسمية. لكنّ عمّان ودمشق تقولان إنّهما تفعلان أقصى ما يُمْكِنُهُما لاستضافة اللاجئين، وإنّهما بحاجة إلى مساعدة المجتمع الدولي.

ويشارك في المؤتمر ممثّلون من سوريا والأردنّ ومصر والعراق وإيران وتركيا، إضافةً إلى المفوّضية العليا لشؤون اللاجئين التابعة للأمم المتّحدة، ويحضر المؤتمرَ أيضا مندوبون عن روسيا واليابان وبريطانيا والاتّحاد الأوروبي.

وقالت وزارة الخارجية الأردنية في بيان إنّ الاجتماع سيناقش سبلَ زيادة الدعم المقدِّم للدول المضيفة لمساعدتهم في تحمّل الأعباء الثقيلة والضغوط التي يواجهونها في مختلف القطاعات نتيجةً لاستنزاف مصادرهم في ظلّ وجود أعداد كبيرة من العراقيين في بلادهم.

وفّر ٢.٢ مليون عراقي من بلدهم منذ الغزو في مارس/ آذار ٢٠٠٣ ولجأ أغلبيتُهُمُ الساحقة إلى كلّ من سوريا (١.٤ مليون) والأردنّ (٧٥٠ ألفا) إضافة إلى مليوني نازح داخل العراق.

ووصف المفوّض السامي لشؤون اللاجئين بالأمم المتّحدة أنطونيو غوتيريس اللاجئين العراقيين بأنّهم يشكّلون أكبر موجة هجرة للسكّان منذ موجات نزوح الفلسطينيين عَقِبَ قيام إسرائيل عام ١٩٤٨، معتبرا أن هذا العدد الكبير يشكّل عبءا كبيرا على الدول المضيفة.

وطلبت المفوّضية العليا للاجئين في ١٢ يوليو/ تموز الحالي من المجتمع الدولي مضاعفةَ الموازنة المخصّصة للاجئين العراقيين بحيث تصبح ١٢٣ مليون دولار لعام ٢٠٠٧.

وأشارت إلى أنّها تلقّت ٦٦ مليون دولار عن عام ٢٠٠٧، لكنّ هذه الأموالَ لا تكفي لمساعدة اللاجئين في سوريا والأردنّ من دون احتساب النازحين داخل العراق.

س ٣) أيّ دول تشارك في هذا المؤتمر؟

س ٤) بما وَصف المفوّض السامي لشؤون اللاجئين بالأمم المتّحدة اللاجئين العراقيين؟

어휘와 표현 연구

تَعْليق على...	…에 대한 설명, 주석, 독해, 논평
تصريحات رسمية	공식성명
أقصى ما يمكنهما	(두 국가가) 최대한 할 수 있는 것
مُمَثِّل من...	…의 대표자
المُفَوَّضِيّة العُلْيا لشؤون اللاجئين التابعة للأمم المتّحدة	유엔난민고등판무관실(The United Nations High Commissioner for Refugees, UNHCR) 참 세계 난민문제의 항구적 해결을 위하여 설립된 국제연합의 보조기관
مَنْدوب عن...	…의 대표, 대표자
تحمّل الأعباء الثقيلة	무거운 부담을 짊어짐
استنزاف المصادر	자원 고갈
لجأ إلى...	(a) …에 피난했다, 피난처를 찾았다; …에 의거하였다, 매달렸다
الأغلبية الساحقة	절대 다수, 압도적인 다수
المفوّض السامي لشؤون اللاجئين بالأمم المتّحدة	유엔난민고등판무관
موجة هجرة للسكّان	주민의 이주행렬
نزوح	망명, 이주
عَقِبَ...	…후에
المُوازَنة المُخَصَّصة لـ...	…에 할당된(배당된) 예산
لا يَكْفي لـ...	…하기에 충분치 않다, 불충분하다 예 كلمة جميلة لا تَكْفِي لِوَصْفِ مراسم افتتاح دورة الألعاب الأولمبية. 한마디 아름다운 말로 올림픽 개막식를 묘사하기엔 부족하다.
مِنْ دونِ احتساب...	…이 고려되지 않은 채, 산정되지 않은 채

보충심화학습

인권(난민) 용어

مَلْجَأ (ج مَلاجِئُ)	피난지, 피난처; 은신처, 안식처
مَنْفًى (ج مَنافٍ)	유배지, 망명지
هروب اللاجئين	난민들의 도주, 난민들의 탈출
نازح	난민(1967년 제3차 중동전쟁으로 인해 발생한 난민을 특별히 지칭하기도 한다.)
لاجئ	망명자, 피난민, 난민(정치, 종교적 핍박을 피한 도피) (1948년 제1차 중동전쟁으로 인해 발생한 난민을 특별히 지칭하기도 한다.)
التوطين في الدولة الثالثة	제3국가로 이주, 제3국가에 거주지를 정함
هجمات عُنْصُرِيّة	인종차별적 공격
طَلَبات للُجوءِ السِياسيّ	정치망명 신청
مُهاجِر	이주민
مُهَرِّب المُهاجِرين	이주민들 알선자, 이주민들 중개인

한국소개

تقديم كوريا

يُشير اختيار عبارة "كوريا الديناميكية" كشعار كوريا المفعَمة بالحيوية والقوة إلى أنّ كوريا هي أمّة نهضتْ من بين أنقاض الحرب لتُصبح دولةً ذاتَ نفوذٍ اقتصادي قوي في آسيا. كما أنّ هذه العبارة تجعل الشعبَ الكوري يشعر بالفخر لتقدُّمِها وازدهارها اقتصاديا وديمقراطيا.

ارتكزت التنمية الاقتصادية في كوريا منذ الستينات من القرن الماضي على سياسة النمو الموجّهة نحو التصدير، وكانت نتائجها باهرةً، بحيث أُطْلِقَ عليها في فترة السبعينات "معجزة نهر الهان"، وبفضل ذلك نجحت كوريا في استضافة دورة الألعاب الأولمبية الرابعة والعشرين في سيول عام ١٩٨٨، وبطولة كأس العالم لكرة القدم بالمشاركة مع اليابان في عام ٢٠٠٢. وخلال هذه المناسبات أظهرت كوريا للعالم تراثَها الثقافي الرائع وحبَّها للفنون إلى جانب صناعاتها التكنولوجية المتطوِّرة.

س ١) بِمَ تجعل هذه العبارة "كوريا الديناميكية" الشعب الكوري يشعر؟

س ٢) ما محاصيل سياسة كوريا الاقتصادية؟

어휘와 표현 연구

تَقْديم 소개; 제공

اخْتِيار 선정, 선택

عِبارة 표현

شِعار (ج ـات) 표어, 슬로건, 모토

مُفْعَم بـ... …으로 넘치는

حَيَويّة 생기

نَهَضَ (a)일어섰다, 부흥했다

أَنْقاض (파괴물의) 파편, 잔해
㉤ نَقْض의 복수이며, 주로 복수형으로 쓰인다.

دولة ذات نفوذٍ 영향력이 있는 국가
㉤ ذات는 ذو의 여성형이다. ذو는 주격이고, 소유격은 ذي, 목적격은 ذا이다. 뒤에 오는 소유격 명사와 함께 주로 '…을 지닌 또는 …의 소유자'라는 의미로 쓰인다.

يَجْعَلُهُ يَشْعُرُ بِالفَخْر 그로 하여금 긍지를 느끼게 하다

ارْتَكَزَ على... …에 기반을 두었다, …에 집중했다

مُوَجَّه نَحْوَ التصدير 수출지향의

باهر 눈부신

أُطْلِقَ على ... …라고 불리었다

في فترة السبعينات من القرن الماضي 지난 세기 70년대에
㉤ 20년대부터 각 십년대는 각 십단위의 소유격을 여성규칙 복수형으로 만들어 표현한다.
㉧ العشرينات, الثلاثينات, الأربعينات, الخمسينات...
10년대의 경우는 '10'을 의미하는 عَقْد를 사용하여 العقد الثاني라고 한다.

مُعْجِزة 기적

بِفَضْلِ ذلك 그 덕분에

اسْتِضافة 주최, 유치

دَوْرة 1회, 1라운드; 회기; (어느 활동의) 기간; 주기(週期)

어휘와 표현 연구

الألعاب الأولمبيّة	올림픽 대회
بُطولة كَأْس العالَم	월드컵 (대회); (축구 등의) 세계 선수권 대회
بالِمُشارَكةِ مع...	…와 공동으로
مُناسَبة	경우, 때; 행사
تُراث ثَقافيّ	문화유산
رائع	멋진, 훌륭한; 감탄할 만한
إلى جانِبِ...	…에 더하여, …외에

تحتلّ كوريا الآن المرتبة الحادية عشرة بين كبريات الدول الاقتصادية في العالم، وتعمل كوريا بصورة مستمرّة على تحسين البيئة للأنشطة التجارية باعتبارها مركزا تجاريا جديدا في منطقة شمال شرق آسيا. وبالاستفادة من موقعنا الجغرافي بين كبريات الدول الاقتصادية مثل الصين واليابان، فإنّنا نتوقَّع بروزَ بلادنا في أوائل هذا القرن كدولةٍ ذاتِ اقتصاد قوي ورائدةٍ في مجال تكنولوجيا المعلومات.

لقد انتهجت جمهورية كوريا طريق الديمقراطية واقتصاد السوق. وبالرغم من أنّ آثار الحرب الباردة ما زالت تُخَيِّمُ على شبه الجزيرة الكورية، فإنّ كوريا تبذل كلَّ ما في وُسعِها لتحقيق نهضة اقتصادية جديدة.

نأمل أن يكون هذا النصّ مفيدا لكلِّ مَنْ يرغب في التعرّف على كوريا وأراضيها وشعبها. كما نتمنّى أن تقوموا بزيارة "كوريا الديناميكية، مركز آسيا".

س ٣) ماذا يتوقّع الشعب الكوري لتكون بلادُه في أوائل هذا القرن؟

س ٤) ماذا تفعل كوريا لتحقيق نهضة اقتصادية جديدة؟

어휘와 표현 연구

يَحْتَلُّ	차지하다; 점령하다 참 أرض مُحْتَلّة 점령지
مَرْتَبة (ج مَراتبُ)	등급; 순위
كُبْرَيات الدول الاقتصادية	경제대국들 문 كُبْرَيات는 كُبْرَى (أكْبَرُ의 여성형)의 복수
بِصورةٍ مُسْتَمِرّة	계속해서, 지속적으로, 끊임없이
تَحْسين البِيئة	환경개선
الأنْشِطة التجارية	교역활동
بِاعْتبارِها...	~을 …으로 간주하면서, ~은 …로써 참 باعتباره مديرا 그는 관리자로서 참 بصفته وزيرا 그는 장관으로서
مَرْكَز تِجاري	교역의 중심지; 상업의 중심지, 허브
بالاستفادة مِنْ...	…을 이용하여
مَوْقِعنا الجُغْرافيّ	우리의 지리적 위치
بُروز	출현
في أوائلِ هذا القَرْن	금세기 초반에 문 أوائل는 أوّل의 복수이며, 뒤에 오는 시간 명사와 함께 '초기, 초반'이라는 의미로 쓰인다. 참 أوائل شهر... 월초 أواسط شهر... 월 중순 أواخر شهر... 월말
تِكْنولوجِيا المَعْلومات	정보기술(IT)
انْتَهَجَ طَريق...	…의 길을 (따라)갔다; …을 추구했다
الديمُقْراطيّة	민주주의 참 الرأسماليّة 자본주의, الشيوعيّة 공산주의, البوذيّة 불교
اقْتِصاد السوق	시장경제
أثَر (ج آثار)	흔적, 자취, 자국; 영향
الحَرْب البارِدة	냉전(冷戰: cold war)

어휘와 표현 연구

ما زال يُخيّم على...	아직도 …에 드리우고 있다 문 ما زَال، لم يزَلْ، لا يَزالُ، لا زال 등은 '아직도, 여전히'의 의미로서 كَانَ의 자매어이다. 예 ما زِلْتُ أَفْعَلُهُ. 나는 아직도 그것을 한다
شبه الجزيرة الكوريّة	한반도 문 شِبْه는 소유격 명사가 뒤에 올 때 '준-, 유사-, 반-'의 뜻으로 쓰인다.
يَبْذُلُ كُلَّ ما في وُسْعِهِ	자기가 할 수 있는 것을 다 한다, 최선을 다한다
وُسْع	능력
نَهْضة	부흥
لِكُلِّ مَنْ يَرْغَبُ في...	…을 희망하는 모든 이에게
التعرُّف على...	…을 알게 됨

아랍어 한마디

الولد صورة عن أبيه. 그 아버지에 그 아들이다(부전자전이다)
الابن سرّ أبيه.

حقائق عن كوريا

تنقسم كوريا إلى شطرين أحدهما كوريا الجنوبية. أما الشطر الآخر فهو يُسمَّى بكوريا الشمالية. وتقع كوريا في شبه الجزيرة الكورية التي تمتدّ إلى الجنوب من الجزء الشمالي الشرقي للصين. تحتلّ كوريا الشمالية النصف الشمالي لشبه الجزيرة بينما تغطّي كوريا الجنوبية النصف الجنوبي. مساحة كوريا الشمالية أكبر بقليل من مساحة كوريا الجنوبية إلاّ أنّ عدد سكّان كوريا الجنوبية يقرب من ضِعْفَيْ عدد سكّان كوريا الشمالية.

وتمتدّ السهول على طول السواحل الغربية والجنوبية لكوريا، بينما تغطّي الجبال معظم ما تَبْقَى من الأراضي الكورية. ويعيش معظم الشعب الكوري في السهول الساحلية أو على أودية الأنهار.

وكان الاقتصاد الكوري حتّى الخمسينات من القرن العشرين قائما على الزراعة حيث كانت الغالبية العظمى من الكوريين تعمل في الزراعة. وقامت كوريا الجنوبية منذ ذلك الوقت ببذل جهود خاصّة لتطوير صناعتها. ونتيجةً لذلك، صارت الصناعة أكثرَ أهمّيةً من الزراعة في كوريا الجنوبية. وتبلغ نسبةُ الذين يعملون في الزراعة الآن في كوريا الجنوبية حوالى ٧% من عدد السكّان. إضافةً إلى ذلك، فقد ساعدت التنميةُ الصناعيةُ كوريا الجنوبيةَ على تحقيق أحد أسرع معدّلات النمو الاقتصادي في العالم.

س ١) أين تقع كوريا؟

س ٢) أيّهما أكبر في المساحة وعدد السكّان، كوريا الجنوبية أم كوريا الشمالية؟

س ٣) لماذا بذلت كوريا الجنوبية جهودها الخاصة لتطوير صناعاتها وما نتيجة ذلك؟

어휘와 표현 연구

حَقيقة (ج حقائقُ)	실상; 사실; 실제
يَنْقَسِمُ إلى...	…갈라져 있다, 나뉘다
أَمّا... فـ~	…으로 말하자면 ~이다; …은 어떠냐 하면 ~이다
شَطْر (ج شُطور)	반(half), 반쪽
يُسمَّى بـ...	…라고 명명되다
يَقَعُ في...	…에 위치하다
يَمْتَدُّ إلى...	…쪽으로 뻗어있다
الجزء الشماليّ الشرقيّ	동북부
النِّصْف الشَّماليّ	북부
يُغَطِّي	덮다, 씌우다; 포함하다, 커버하다; (어떤 범위에) 걸치다; 보도하다
مِساحة	면적
أَكْبَرُ بقَليلٍ مِن...	…보다 조금 큰
إلا أنّ...	그렇지만…
ضِعْف (ج أضْعاف)	곱, 갑절, 배
يَفُوقُ ضِعْفَيْ عَدَدِ سُكّان...	…의 인구수의 2배를 능가한다
سَهْل (ج سُهُول)	평원, 평지
على طول...	…와 나란히; …을 따라서
معظم...	대부분의 …
ما تبقى من الأراضي	남아 있는 땅
وادٍ (ج أَوْدِيَة، وِدْيَان)	계곡, 골짜기; 건천; (강의) 유역
أودِية الأنهار	강들의 유역
يَكونُ قائِمًا على...	…에 기초를 두다
الغالِبِيّة العُظْمَى	대다수, 대부분, 태반

어휘와 표현 연구

يَصِيرُ أَكْثَرَ أهَمِّيَّةً مِنْ...	…보다 중요하게 되다
حَوالَيْ...	약 … ㊂ 숫자 앞에 함께 쓰임 ㊟ 비슷한 의미의 تَقْرِيبًا 은 숫자 뒤에 쓰임
%	백분율, 퍼센티지 (=بالمِائَة، في المِائَة)
مُعَدَّل (ج ـات)	평균; 평균치
أحَد أسْرَعِ مُعَدَّلاتِ النُمُوِّ	가장 빠른 성장률 중의 하나

الطعام الرئيسي لمعظم الكوريّين هو الأرزّ. ومن الأطعمة الشائعة الأخرى: الشعير، والسمك، وبعض الفواكه مثلُ التفّاح والخوخ والكُمَّثْرَى، وبعض الخضراوات مثل الفاصوليا والبطاطس والبطاطا الحلوة. ويُعَدُّ طبقُ "كيمتشي" من أكثر الأطباق شعبيّةً بعد الأرزّ، وهو خليط من الكرنب الصيني والبصل والفجل الأبيض وعدد من البهارات الأخرى مع البهارات الحارّة جدّا. ويكون استهلاك اللحوم ومنتجات الألبان قليلا مقارنةً بدول أخرى إلاّ أنّه في ازدياد مستمرّ.

تُعدّ اللغة الكورية لغة رسمية للكوريتين الجنوبية والشمالية. كما أنّ نحو نصف كلمات اللغة الكورية من اللغة الصينية. إلاّ أنّ قواعد اللغة الكورية تشبه قواعد اللغة اليابانية. وتتكوّن الحروف الهجائية للغة الكورية "هانغول" من ٢٤ حرفا. ويستخدم الكوريون الجنوبيون بعض الرموز الصينية في كتابتهم إلى جانب هانغول بينما لا يستخدم الشماليون إلا هانغول.

بذلت كوريا منذ أواخر الأربعينات من القرن العشرين جهودا خاصّة من أجل إصلاح النظم التعليمية الخاصّة بها. ونتيجةً لذلك، ارتفعت نسبة الكوريين القادرين على القراءة والكتابة من أقلّ من ٥٠% في منتصف الأربعينات إلى أكثر من ٩٧% في أواخر التسعينات من القرن العشرين.

س ٤) ما مكوّنات "كيمتشي"؟

س ٥) ما الفرق بين الجنوبيين والشماليين في استخدام لغتهم؟

س ٦) بذلت كوريا جهودا خاصّة من أجل إصلاح النظم التعليمية الخاصّة بها، ما نتيجة ذلك؟

어휘와 표현 연구

الطعام الرئيسيّ	주식(主食)
أَرُزّ	쌀
الأطْعِمة الشائِعة	널리 알려진 음식들
شَعير	보리
فاكِهة (ج فَواكِهُ)	과일
تُفّاح	사과
خَوْخ	복숭아
كُمَّثْرَى	배 (=إجّاص)
بَطاطِس	감자
بَطاطا حُلْوة	고구마
طَبَق (ج أَطْباق)	요리; 접시
أكْثَر الأطْباق شَعْبِيّةً	가장 인기 있는 요리
خَليط	혼합물
كُرُنْب صينيّ	배추(= مَلفوف صينيّ) ㊟ مَلْفوف 양배추
بَصَل	양파
فُجْل	무
بَهار (ج ـات)	양념
حارّ	(날씨 등이) 뜨거운; (음식 등이) 매운, 얼얼한
اسْتِهْلاك	소비
مُقارَنةً بـ...	…과 비교해 볼 때; …과 비교하여
ازْدِياد	증가
في ازدياد مستمرّ	계속 증가 중이다
يُعَدُّ...	…으로 여겨지다, 간주되다 (수동태)

어휘와 표현 연구

لُغة رَسْميّة	공식 언어; 공용어
قاعِدة (ج قواعِدُ)	문법; 법칙
يُشْبِهُ...	…와/과 비슷하다
تَتَكَوَّنُ مِنْ...	…으로 구성되다
حَرْف (ج حُروف، أَحْرُف)	글자; 문자
هِجاء	알파벳
الحُروف الهِجائِيّة	알파벳(자모의) 문자 ㊟ الحروف الأبجدية의 순서: أَبْجَدُ هَوَّزَ حُطِّيَ كَلَمَنْ سَعْفَصْ قُرِشَتْ ثَخِذْ ضَظْغْ
رَمْز (ج رُموز)	문자(한자와 같은 표의 문자 ideograph를 말함); 상징
أواخِر الأربعينات	40년대 말
إصْلاح	개혁; 혁신; 쇄신; 수리
نِظام تَعْليميّ	교육제도
مُنْتَصَف	한가운데, 중앙; 한창때
منتصف الأربعينات	40년대 중반

مدينة بوسان

بوسان ثاني أكبر المدن في كوريا الجنوبية وهي الميناء الرئيسي للدولة. يبلغ عدد سكّانها حوالي ٣,٦٠٠,٠٠٠ نسمة، ولا تتفوّق عليها في عدد السكّان إلاّ سيول وتقع بوسان على الساحل الجنوبي لشبه الجزيرة الكورية.

يتّسع ميناء بوسان لحوالي ٨٠ سفينة كبيرة في وقت واحد. كما يستوعب الميناء ملايين الأطنان من البضائع سنويا، وتعدّ المدينة مركزا رئيسيا لصناعة صيد السمك في كوريا، وهي أيضا مركز إداري وتجاري وصناعي. وتُنتج المصانع - داخل المدينة وما يجاورها – الموادّ الكيميائية والمعدّات الكهربائية والإلكترونية والآلات والرقائق الخشبية والمنتجات المطاطية والسفن والمنسوجات. كما يوجد بها ثلاثة خطوط لمترو الأنفاق ومطار دولي.

س ١) كم عدد السفن التي يتّسع لها ميناء بوسان في وقت واحد؟

س ٢) بأيّ صناعة تشتهر مدينة بوسان؟

어휘와 표현 연구

مِيناء (ج موانٍ)	항; 항구
يَبْلُغُ...	…에 달하다, 도달하다
يَتَفَوَّقُ على...	(양, 정도, 크기, 기량 등에서) …을 능가하다
يَتَّسِعُ لِـ...	…을 수용할 수 있다
في وَقْتٍ واحِدٍ	동시에, 같은 시각에
يَسْتَوْعِبُ	공간을 갖고 있다, 수용하다
مِلْيون (ج مَلايينُ)	백만
طُنّ (ج أَطْنان)	톤(ton)
بِضاعة (ج بَضائِعُ)	상품
سَنَوِيًّا	매년, 연간
صِناعة صَيْدِ السَمَكِ	수산업; 어업
مَصْنَع (ج مصانِعُ)	공장
إداريّ	행정(상)의
ما يُجاوِرُهُ...	…에 인접한 곳
مَوادّ كيميائيّة	화학 물질들
مُعَدّات	장비들
كَهْرَبائيّ	전기의
إلِكْترونيّ	전자의
آلة	기계
رَقائق خَشَبيّة	합판들
مَطاط	고무
مُنْتَجات مَطاطيّة	고무 제품들
سَفينة (ج سُفُن)	선박
مَنْسوج (ج ـات)	직물
خَطّ (ج خُطوط)	노선; 라인(line); 선
مِتْرو (الأنْفاق)	지하철, Metro

보충심화학습

복수형이면서 같은 종류의 여러 가지 개체를 포괄하는 낱말

음식 أَطْعِمة	먹거리 مَأْكولات
향신료 بَهارات	청량음료 مُرَطِّبات
양념 توابِلُ	음료 مَشْروبات
곡류 حُبوب	장비 مُعَدَّات
단과자류 حَلْوَيات	견과류 مُكَسَّرات
채소 خَضْراوات	직물류 مَنْسوجات
가금류 دَواجِنُ	동물 حَيَوانات
과일 فَواكِهُ	식물 نَباتات
가축 مَواشٍ	푸성귀 بُقول

وبوسان مركز سياحي تجتذب مناطقه الساحلية كثيرا من الزائرين، كما يجذبهم إليها معلمان بوذيان كبيران هما تونغدوسا وبوموسا، وكلاهما دير بوذي للعبادة، تقع مبانيهما على منحدرات هِضاب كثيرة الأشجار. وتقع مدافن هيئة الأمم المتّحدة قرب بوسان، وتضمّ قبور الجنود التابعين لقوّات الأمم المتّحدة من الحلفاء في حرب كوريا في الفترة من ١٩٥٠ إلى ١٩٥٣م.
وأثناء الحرب الكورية كانت العاصمة المؤقّتة لكوريا الجنوبية، وقد اتّخذتها قوّات الأمم المتّحدة مهبطا لطائراتها وميناء للإمدادات. تزايد عدد سكّانها بشكل مطّرد منذ الحرب، وما زالت تعاني نقصا في المساكن.

س ٣) ما الذي يجذب الزوّار في مدينة بوسان؟

س ٤) فيم استعملت قوّات الأمم المتّحدة مدينة بوسان أثناء الحرب الكورية؟

어휘와 표현 연구

سِياحيّ 관광의

يَجْتَذِبُ 유치하다; 끌어들이다

يَجْذِبُ~ إلى... ~을 …로 끌어들이다

منطقة ساحِليّة 해안 지역, 연안 지역

مَعْلَم (ج مَعَالِمُ) (항해나 여행자를 위한) 표지물, 이정표(landmark); 역사적인 건조물

بوذيّ 불교의; 불교 신자

كِلاهما 양자 모두 ㊔ 뒤에 인칭대명사가 접미되면 격에 따라서 형태가 변화한다.

كِلا의 형태 변화		
주격	كِلا	남성
소유격, 목적격	كِلَيْ	
주격	كِلْتَا	여성
소유격, 목적격	كِلْتَيْ	

دَيْر 수도원

عِبادة 숭배

مَبْنًى (ج مَبانٍ) 건물

مُنْحَدَر (ج ـات) 비탈, 사면(斜面)

هَضْبة (ج هِضاب) 산; 고지; 언덕

كثير الأشجار 나무가 많은

مَدْفَن (ج مَدافِنُ) 묘지

قُرْبَ... … 근처에

قَبْر (ج قُبور) 무덤, 묘

جُنْديّ (ج جُنود) 군인; 병사

قُوّات الأمَم المُتَّحِدة 유엔군

어휘와 표현 연구

حَليف (ج حُلَفاءُ)	동맹의; 동맹자; 연합국; 동맹국
حَرْب كوريا	한국전쟁
عاصِمة مؤقّتة	임시수도
اتَّخَذَ	취했다, 채택했다, 삼았다
مَهْبِط	착륙지
إمْداد (ج ـات)	보급, 공급; (복)보급품
تَزايَدَ	점점 증가했다
مُطَّرِد	연속적인, 간단없는, 끊임없는 ㉮ طرد의 Ⅷ형 능동분사
بِشَكْلٍ مُطَّرِدٍ	끊임없이
نَقْص	부족(不足), 결핍
مَسْكَن (ج مَساكِنُ)	거처; 주거지
قوّة (ج ـات، قُوًى)	힘, 파워 ㉾ 복수형 قوات는 군대라는 의미로 쓰이기도 한다. قوات برّية وبحرية وجوّية 육해공군

아랍어 한마디

نصف العلم أخطرُ من الجهل.	절반만 아는 것은 아주 모르는 것 보다 위험하다. 선무당이 사람 잡는다.
العلم القليل (أو المعرفة القليلة) شيء خطير.	조금 아는 것은 위험한 것이다. (미숙한 사람이 잘하는 체하다가 일을 그르친다는 말)

기관소개

تقديم جامعة الدول العربية

جامعة الدول العربية منظّمة عربية دولية أُنشئت في مارس ١٩٤٥م طبقا لبروتوكول الإسكندرية الموقّع في ٢٠ شوّال ١٣٦٣هـ الموافق ٧ أكتوبر ١٩٤٤م، وللميثاق الذي وقّعه سبعة ملوك ورؤساء عرب في القاهرة في ٨ ربيع الثاني ١٣٦٤هـ، الموافق ٢٢ مارس ١٩٤٥م.

والدول العربية السبع المستقلّة التي أسّست الجامعة هي: السعودية، مصر، العراق، الأردنّ، سوريا، لبنان، اليمن. وقد انضمّت إليها بقيّة الأقطار العربية بعد أن حصلت على الاستقلال.

نبعت فكرة إنشاء الجامعة خلال الحرب العالمية الثانية وتبنّى ثلاثة من الزعماء السياسيين العرب هذه الفكرة في ذلك الوقت، وهم رئيس وزراء مصر، ورئيس وزراء سوريا، وزعيم سياسي لبناني. وعرض هؤلاء الزعماء الفكرة على الملوك والرؤساء العرب الذين استحسنوها وأيّدوها.

س ١) على أيِّ شيء قام تأسيسُ جامعةِ الدول العربية؟

س ٢) ما أوائل الدول الأعضاء المؤسسة لجامعة الدول العربية؟

어휘와 표현 연구

جامعة الدُوَل العربيّة	아랍 연맹(the Arab League)
مُنَظَّمة دَوْليّة	국제 기구
أَنْشَأَ...	…을 세웠다, 설립했다 ㊌ أُنْشِئَتْ는 3인칭 여성 수동태 완료형
طِبْقا لِـ...	…에 따라
بروتوكول	의정서(protocol)
الإِسْكَنْدَريّة	알렉산드리아 ㉲ 이집트의 항구도시
مُوَقَّع	서명된; 조인된
شَوّال	이슬람력의 10번째 달 이름
مُوافِق	상응하는, 일치하는
ميثاق (ج مَواثيقُ)	헌장(charter)
ربيع الثاني	이슬람력의 4번째 달 이름
مُسْتَقِلّ	독립한
بَقِيّة (ج بَقايا)	나머지
قُطْر (ج أَقْطار)	지역; 지방; 나라
اسْتِقْلال	독립
نَبَعَ	(a) 솟아 났다
فِكْرة	생각; 사고; 아이디어
تَبَنَّى	채택했다
عَرَضَ... على~	(i) …을 ~에게 제의했다
اسْتَحْسَنَ	좋게 여겼다, 좋게 평가했다
أَيَّدَ	지지했다
الحَرْب العالمية الثانية	제2차 세계대전

국제기구

مجلس التعاون الخليجي	걸프협력회의	Gulf Cooperation Council (GCC)
منظمة التعاون الاقتصادي والتنمية	경제협력개발기구	Organization for Economic Cooperation and Development (OECD)
وكالة الطاقة الدولية	국제에너지기구	International Energy Agency (IEA)
اللجنة الأولمبية الدولية	국제올림픽위원회	Iternational Olympic Committee (IOC)
الوكالة الدولية للطاقة النووية	국제원자력기구	International Atomic Energy Agency (IAEA)
اتّحاد كرة القدم الدولي	국제축구연맹	Federation Internationale de Football Association (FIFA)
اتحاد البريد العالمي	만국우편연합	Universal Postal Union (UPU)
منظّمة التجارة العالمية	세계무역기구	World Trade Organization (WTO)
منظّمة الصحّة العالمية	세계보건기구	World Health Organization (WHO)
منظمة الدول العربية المصدِّرة للنفط	아랍석유수출국기구	Organization of the Arab Petroleum Exporting Countries (OAPEC)
جامعة الدول العربية	아랍연맹	League of Arab States (AL Arab League) (LAS)
منظّمة التعاون الإسلامي	이슬람협력기구	Organization of Islamic Cooperation (OIC)

تهيّأت الأجواء في نهاية الحرب العالمية الثانية لعقد مؤتمر إقليمي في الإسكندرية لتحقيق الوَحدة العربية. وبرزت خلال المؤتمر عدّة اتّجاهات أهمّها اتّجاه لتكوين وحدة تضمّ عددا من الدول في دولة واحدة تسمّى سوريا الكبرى، وبرز اتّجاه آخر يرى ضرورة توحيد دول الهلال الخصيب في دولة واحدة، وكان هناك اتّجاه ثالث يرى تكوين جامعة تضمّ جميع الدول العربية المستقلّة.

ونصّ بروتوكول الإسكندرية على إنشاء جامعة للدول العربية، وأن تعتمد قراراتها على قاعدة الإجماع في التصويت. كما نصّ البروتوكول على عدم جواز اللجوء للقوّة لفضّ النزاعات بين أعضاء الجامعة.

وكانت القاهرة هي المقرّ الرئيسي للجامعة منذ إنشائها. إلاّ أنّه في فترة تعليق عضوية مصر في الجامعة العربية إثرَ توقيعها لاتّفاق سلام منفصل مع إسرائيل عام ١٩٧٩م، نُقِلَ مقرّ الجامعة إلى تونس، وظلّ هناك حتّى عام ١٩٩٠م وعاد مرة أخرى إلى القاهرة.

س ٣) علامَ نصّ بروتوكول الإسكندرية؟

س ٤) لماذا نُقِلَ مقرّ جامعة الدول العربية إلى تونس؟

어휘와 표현 연구

تَهَيَّأَ	마련되었다; 준비되었다
جَوّ (ج أَجْواء)	공기; 분위기; 주위 상황, 환경
عَقْد	(회의 등의) 개최; 계약; 10년
مُؤْتَمَر (ج ـات)	대회; 회의; 회견 참 مؤتمر صُحُفِيّ 기자회견; مؤتمر قِمّة 정상회담
إقْليميّ	(특정한) 지역의; 영토의
وَحْدة	통합
بَرَزَ	(u) 두드러졌다; 나타났다
عِدّة	많은; 다수의
اتِّجاه (ج ـات)	경향; 추세
أَهَمُّها...	그 중에서 가장 중요한 것은 …
تَكْوين	구성; 형성
في دَولة واحِدة	한 국가로; 단일 국가로
سوريا الكُبْرَى	대 시리아 (The Greater Syria)
ضَرورة	필요성
تَوْحيد	통일; 단일(성); 유일신 사상
الهِلال الخَصيب	비옥한 초승달(지대) 참 티그리스 강과 걸프 만을 연결하는 고대 농업지대
نَصَّ على...	(u)…을 규정했다, 명문화했다, 명시했다
يَعْتَمِدُ على...	…에 의거하다
قرار (ج قرارات)	결의안, 결정안
قاعدة الإجْماع	(만장일치의) 합의원칙
تَصْويت	투표
عَدَم	없음 문 뒤에 소유격 동명사가 오며, '비(非), 불(不), 무(無)' 등의 뜻을 나타낸다.

어휘와 표현 연구

جَواز	허용; 허가 ㊟ جواز السَّفَر 여권(= 여행허가서)
لُجوء لِـ...	…에 호소; …에 기댐, 의존, 의지
عَدَم جَواز اللجوء للقوّة	(불가피한 경우일지라도) 무력사용 불허
فَضّ	(분쟁 등의) 해결 (= حَلّ)
مُنازَعة	불화; 분쟁; 다툼
مَقَرّ (ج مَقارّ، ـات)	본부
تَعْليق	(자격 등의) 정지; 논평
عُضْويّة	회원 자격, 회원의 지위(membership)
إثْرَ...	…하자마자, …직후에
تَوْقيع	서명
مُنْفَصِل	단독의; 분리된
نُقِلَ إلى...	…으로 이전되었다
ظَلَّ	(a) 계속해서 …했다, 여전히 …했다

아랍어 한마디

الجُوْع أحسن الصلصات.
الجوع أمهرُ الطبّاخينَ.
시장이 반찬이다.

الأمم المتّحدة

الأمم المتّحدة منظّمة دولية تعمل للمحافظة على السلام والأمن العالمِيَيْنِ وتنتمي إلى المنظّمة الدولُ المستقلّة في جميع أنحاء العالم، وتُرسل كل دولةٍ عضوٍ ممثّلين لها إلى مقرّ الأمم المتّحدة في نيويورك، حيث يناقشون المشاكل ويحاولون حلّها.

أنشئت هيئة الأمم المتّحدة في ٢٤ أكتوبر ١٩٤٥م، بعد الحرب العالمية الثانية بفترة وجيزة. فبينما كانت الحرب تقترب من نهايتها، قرّرت الدول التي وقفت ضدّ ألمانيا، وإيطاليا، واليابان ألاّ يتكرّر حدوث مِثْلِ تلك الحرب مرة أخرى. فاجتمع ممثّلو تلك الدول في سان فرانسيسكو – كاليفورنيا – الولايات المتّحدة في إبريل ١٩٤٥م، وتوصّلوا إلى خطّة لإنشاء منظّمة تساعد على حفظ السلام في العالم. ثم أُدْرِجَتْ تلك الخطّةُ في وثيقة سُمِّيَتْ ميثاقَ الأمم المتّحدة، وقامت بالتوقيع عليه ٥٠ دولة في يونيو ١٩٤٥م.

س ١) ماذا تفعل الأمم المتّحدة؟

س ٢) من أنشأ هيئة الأمم المتّحدة؟

어휘와 표현 연구

أُمّة (ج أُمَم)	국가(nation); 공동체
مُحافَظة على...	…을 유지
يَنْتَمِي إلى...	…에 소속되다; 회원이 되다
جَميع أَنْحاءِ العالَمِ	전세계
دَوْلة عُضْو (ج دول أعضاء)	회원국
مُمَثِّل	대표
يُناقِشُ	논의하다
هَيْئة	기구(organization)
فَتْرة وَجيزة	짧은 기간; 얼마 되지 않는 시간
بعد الحرب العالميّة الثانية بفترة وجيزة	제2차 세계대전 후 얼마 되지 않아 참 بعد... بِـ~ …후 ~만에; …한 지 ~후에 قبل... بِـ~ …전 ~에; …하기 ~전에
يَقْتَرِبُ مِنْ...	…에 접근하다; …에 다가가다
قَرَّرَ	결의했다; 결정했다
ألاّ...	…하지 않도록 (=أنْ لاَ)
يَتَكَرَّرُ	반복되다
حُدوث	발생
اجْتَمَعَ	만났다; 모임을 가졌다, 회동했다
وِلاية	주(state)
خُطّة (ج خُطَط)	계획
يُساعِدُ... على~	…을 ~하도록 도와주다
حِفْظ السلام	평화 유지 참 قوّات حفظ السلام 평화유지군
أُدْرِجَ في...	…에 수록되었다
وَثيقة (ج وَثائِق)	서류; 문서

보충심화학습

명사형태 수식어

회원국	دَوْلة عُضْو (ج دول أعضاء)
공정한 사람	رجل عدل (ج رِجال عُدول)
모국어	لغة أمّ (ج لغات أمَّهات)

시간 표현 중에서 정도를 나타내는 بـ

제2차 세계대전 바로 얼마 전에	قبل الحرب العالمية الثانية بفترة وجيزة قبل فترة وجيزة من الحرب العالمية الثانية
그가 그녀 보다 한 살 어리다.	هو أصغر منها بسنة.

منذ ذلك التاريخ انضمّت أكثر من ١٠٠ دولة أخرى كان معظمها لا يزال مستعمَرًا عند إنشاء هيئة الأمم المتّحدة. وباستثناء دول صغيرة جدّا فإنّ الدولة المستقلّة الوحيدة التي لم تنضمّ للأمم المتّحدة هي سويسرا.

الميثاق هو دستور الأمم المتّحدة، ويشتمل على الخطة التي تنظّمها. ويوافق جميع الأعضاء على تنفيذ متطلّبات الميثاق الذي يحتوي على ١٩ فصلًا مُقَسَّمًا على ١١١ مادّةً توضّح الغايات والمبادئ والمعتقدات الأساسية والطرق التي تعمل الأمم المتّحدة بموجبها.

الأهداف والمبادئ: حدّد الميثاق أربعة أهداف وسبعة مبادئ للأمم المتّحدة. الهدف الأوّل هو حفظ السلام والأمن الدوليَيْنِ. الثاني هو تشجيع الدول على أن تكون عادلة في تصرّفاتها تجاه بعضها. والثالث مساعدة الدول على التعاون في محاولة حلّ المشكلات الدولية. والهدف الرابع أن تكون مرجعا لتنسيق أعمال الأمم وتوجيهِها نحوَ تحقيق هذه الغايات.

س ٣) ممّ يتكوّن ميثاق الأمم المتّحدة؟

س ٤) ما أهداف الأمم المتّحدة؟

어휘와 표현 연구

مُسْتَعْمَر	식민지화된; 식민지
...بِاسْتِثْناءِ	…을 제외하고
وَحيد	유일한
...يَنْضَمّ لـ	…에 가입하다
دُسْتور (ج دَساتيرُ)	헌법
...يَشْتَمِلُ على	…을 포함하다
...يُنَظِّمُ	…을 준비하다, 마련하다; 조직하다
...يُوافِقُ على	…에 동의하다
تَنْفيذ	수행; 집행
مُتَطَلَّبات	요구사항, 필요 조건, 요건
...يَحْتَوي على	…을 포함하다
فَصْل (ج فُصول)	장(章); 절(節); 계절; 교실
مادّة (ج مَوادُّ)	(법률 등의) 조, 조항; 물질; 과목
يُوَضِّحُ	설명하다; 밝히다
غاية	목적
مَبْدَأ (ج مَبادِئُ)	원칙
مُعْتَقَد (ج ـات)	신조(信條); 신앙
طَريق (ج طُرُق)	길; 노선
...بِموجِبِ	…에 따라; …에 의거하여
حَدَّدَ	정했다
هَدَف (ج أهداف)	목적; 목표
تَشْجيع	장려, 격려; 고무 참 ~يُشَجِّعُ... على …을 ~하도록 격려하다
تَصَرُّف (ج ـات)	행동, 처신

어휘와 표현 연구

تُجاهَ، تِجَاهَ... …을 향하여

مُساعَدة 도움; 조력

تَعاوُن 협력

مَرْجِع 책임 있는 기관, 귀책기관

تَنْسيق 배치; 정돈; 조정

تَوْجيه 인도(引導), 유도, 지도

تَحْقيق 실현; 달성

نَحْوَ... …을 향하여

보충심화학습

불규칙복수형의 النسبة

أُمَمِيّ 유엔(UN)의

جَماهيريّ 대중의

دُوَلِيّ 국제적인

رِجاليّ 남성의

صحفيّ 언론의

طُلَّابيّ 학생의

عشائريّ 씨족의

عَقائديّ 교의상의

아랍어 한마디

إذا أَرَدْتَ السِلْمَ فَكُنْ على استعداد للحرب. 평화를 원한다면 전쟁을 각오하라.

وأوّل مبادئ الأمم المتّحدة هو المساواة في الحقوق بين جميع أعضائها. ثانيا، قيام جميع الأعضاء بواجباتهم وفقا للميثاق. ثالثا، يوافق جميع الأعضاء على مبدأ فضّ منازعاتها بالوسائل السلمية. رابعا، يوافق جميع الأعضاء على عدم استعمال القوّة ضدّ الدول الأخرى إلاّ في حالة الدفاع عن النفس. خامسا، يوافق جميع الأعضاء على تقديم العون إلى الأمم المتّحدة، في كل عمل تتّخذُه تنفيذا لأهداف الميثاق. سادسا، توافق الأمم المتّحدة على العمل وفقا لمبدأ تحمل الدول غير الأعضاء نفس واجبات الدول الأعضاء في المحافظة على السلم والأمن الدوليين. سابعا، تقبل الأمم المتّحدة بمبدأ عدم التدخّل في الشؤون الداخلية لأيّ دولة عضو على ألاّ يضرّ ذلك بالدول الأخرى.

متطلّبات العضوية: أول أعضاء الأمم المتّحدة هي تلك الأمم التي وقّعت على الميثاق عام ١٩٤٥م. ومنذ ذلك التاريخ طلبت كثير من الأمم الانضمام إلى المنظّمة. ينصّ الميثاق على أنّ العضوية متاحة لجميع الدول المحبّة للسلام التي تكون قادرة وراغبة في تنفيذ الالتزامات الواردة في الميثاق. ويجب أن يوافق على طلب العضوية كلٌّ من مجلس الأمن والجمعية العامّة. وأيُّ عضوٍ ينتهك الميثاق يجوز أن تُعلَّق عضويتُه أو يُفصَل من الهيئة.

س ٥) ما مبادئ الأمم المتّحدة؟ اذكرها باختصار؟

س ٦) ما متطلّبات العضوية للأمم المتّحدة؟

어휘와 표현 연구

مُساواة 평등; 같음, 동등함

واجِب (ج ـات) 의무 참 واجب منزليّ 숙제

وَسيلة (ج وَسائِلُ) 방법; 수단

سِلْمِيّ 평화적인; 평화로운

عَدَم اسْتِعْمال القُوّة 무력을 사용치 않음

دِفاع 방어

في حالة الدِفاع عن النَفْس 자신을 방어하는 경우에

عَوْن 도움, 원조

تَنْفيذا لـ... …을 이행하는 것으로서

تَحَمُّل 감당, 떠맡음, 짊어짐

دولٌ غيرُ أعضاء 비회원국들

نَفْس 자신 참 نَفْس الشيء 똑같은 것
في الوقتِ نَفْسِهِ 혹은 في نَفْسِ الوَقْتِ 동시에, 같은 시각에

أَمْن 안전

يَقْبَلُ بـ... …을 수락하다; 인정하다

عَدَم التَدَخُّلِ 불간섭

شَأْن (ج شُؤون أو شُئون) 문제(affair)

شؤون داخليّة 대내 문제; 내정(문제)

يُضِرُّ بـ... …에게 손해(피해)를 입히다

متطلّبات العضويّة 회원 자격의 필요 조건

مُتاح لـ... …에게 부여된(주어진)

الْتِزام (ج ـات) 의무, 책무

وارِد في... …에 언급된

مَجْلِس الأَمْنِ 안전보장이사회

الجَمْعيّة العامّة 총회

يَنْتَهِكُ 위배(위반)하다

يُفْصَلُ مِنْ... …에서 퇴출되다

보충심화학습

'문제' 표현

هذا أمرٌ مهمٌّ لي.	이것은 나에게 중요한 문제(일)이다.
تسعى لإعادة الأمور إلى طبيعتها قبل عودته.	그녀는 그가 돌아오기 전에 그 문제들을 정상화시키려고 한다.
القضية الفلسطينية	팔레스타인 문제
بحث الوفدان عددا من المسائل بينها مسألة الحدود بين البلدين.	그 두 대표단이 두 나라 간의 국경문제가 포함된 상당 수의 문제들을 토의했다.
مشكلة الشرق الأوسط، مشكلة المرور	중동문제, 교통문제

연설문

كلمة سعادة سفير المملكة العربيةِ السعودية لدى جمهورية كوريا

الضُيوف الكِرام

لقد عَمِلت حكومةُ المملكةِ العربيةِ السعودية بجَهدٍ واضحٍ في خُططِها التنمويةِ على أن يكون استثمارُها الأساسي هو في تطويرِ العنصرِ البشريِّ، ولا شكَّ أنَّها قد خَطتْ خَطواتٍ واسعةً وتُواصلُ العملَ لتحقيقِ المزيدِ في هذا الطريقِ من خلالِ عددٍ من البرامجِ التطويريةِ تبنَّاها خادمُ الحرمَيْن الشريفَيْن الملكُ عبدُ اللهِ بْنُ عبدِ العزيزِ جاء من بينِها برنامجُ الابتعاثِ الخارجيِّ الذّي وصل في إطارِهِ هذا العامَ إلى جمهوريةِ كوريا ثمانيةٌ وأربعونَ طالبًا.

تُثمِّنُ حكومةُ المملكةِ العربيةِ السعوديةِ عاليًا علاقاتِها الوثيقةَ مع جمهورية كوريا الصديقةِ وتنظرُ بارتياح للنموّ المُطرّد الذي تشهدُهُ هذه العلاقاتُ في كافّةِ المجالات، كما تحْرِصُ دومًا على تعزيزِ هذه العلاقاتِ من خلالِ تطويرِ مجالاتِ التعاونِ القائِمة وفتح آفاق جديدة لها. ولا شكَّ أنَّ الزيارةَ التاريخيةَ التي قام بها فخامةُ الرئيس روه مو هيون إلى المملكةِ العربيةِ السعودية في شهر مارس من هذا العام، تُمثِّلُ بدايةً لمرحلة جديدة من التعاون بين البلدَيْن في مُختلف المجالاتِ.

س ١) كم عددُ الطلبة السعوديين الذين جاؤوا إلى كوريا؟

س ٢) في خطّة المملكة العربية السعودية التنموية، ما الاستثمار الأساسي؟

어휘와 표현 연구

تنمويّ	개발의, 성장의
استثمار أساسي	기본적인 투자
عُنْصُر (ج عَناصِرُ)	요소
بشريّ	인류의, 인간의
خَطا خطواتٍ	(u) 걸음을 내딛었다
يُواصلُ	계속하다, 지속하다
خادم الحَرَمَيْنِ الشريفَيْنِ	두 성지의 수호자(사우디아라비아 국왕의 칭호)
تَبَنَّى	채택했다, 정했다
ابتعاث خارجي	해외 파견, 해외 유학
في إطارِ...	…의 일환으로
ثمانية وأربعونَ طالبًا	48명의 학생 문 11-99까지의 숫자 뒤에 오는 명사는 단수 목적격을 취한다.
يُثمِّنُ عاليًا	높이 평가하다
بارتياحٍ	만족스럽게; 편안하게
يَحرِص على...	…을 열망하다, 갈망하다
قائِم	기존의
أُفق (ج آفاق)	지평(수평)선; (복) 전망
يمثِّلُ	뜻하다, 나타내다; 대표하다, 대변하다; 차지하다

보충심화학습

공식호칭

직급		존칭	
المَلِك	왕	صاحِب الجَلالة، جَلالة المَلِك	Your Majesty
رَئيس الجُمْهوريّة	대통령	صَاحِب الفَخامة، فَخامة الرَئيس	Your Excellency
رَئيس الوُزَراء	국무총리	صاحِب الدَوْلة، دَوْلة الرَئيس	Your Highness
الوَزير	장관	صَاحِب المَعالي، مَعالي الوَزير	Your Highness
الأمير	왕자	صَاحِب السُموّ، سُموّ الأمير	Your Royal Highness
الأميرة	공주	صَاحِبة السُموّ، سُموّ الأميرة	Your Royal Highness
السَفير	대사	صاحِب السَعادة، سَعادة السَفير	Your Excellency
البابا	교황	صَاحب القَداسة، قَداسة البابا	Your Holiness

الضيوف الكرام

لا شكّ أنّ برنامَجَ ابتعاثِ الطلبةِ السعوديين للدراسةِ في الجامعاتِ الكورية، وبرامج التبادل الطّلّابيّ بشكل عامّ سيُساهِم في تنميةِ التعاونِ بين البلدَيْنِ في المجالِ التعليمي وزيادةِ التفاهمِ وتعزيزِ التواصلِ بين شعبَيْ بلدَيْنا الصديقَيْنِ. من هنا لا يُساوِرني شكٌّ بأنَّنا سنعمل سويًّا على دعم مثل هذه البرامج وتطويرِها في كِلا البلدَيْن، ونحن نَأْمُلُ ونعمل لنَرَى أعدادا متزايدةً من الطلبةِ السعوديين في جمهوريةِ كوريا خلالَ الأعوامِ القادِمة. وفي هذا الإطارِ أجد لزامًا عليَّ أن أُشِيدَ بالتعاونِ الإيجابي والجهدِ الكبيرِ الذي تقوم به وزارةُ التعليمِ وتنميةِ المواردِ البشرية وكافّةِ الأجهزةِ والمؤسّساتِ الحكوميةِ والجامعاتِ ذات العلاقةِ لإنجاحِ برنامجِ ابتعاثِ الطلبةِ السعوديين إلى كوريا، وهو ما أَسْهَمَ في تسهيلِ إقامةِ الطلبةِ السعوديين وتذليلِ الصعوباتِ التي تُواجِهُهم وتوفيرِ الجو الملائِمِ لتحصيلِهم العلمي.

س ٣) فيما تساهم برامجُ التبادُل الطّلّابيّ بين البلدَيْنِ؟

س ٤) بماذا أشاد السفيرالسعودي؟

어휘와 표현 연구

تبادُل	교환, 교류
تفاهُم	상호 이해
تواصُل	교류, 접촉, 소통
لا يُساوِرُني شكٌّ	의심의 여지가 없다 문 سَاوَرَ 는 포위하다, 에워싸다
سَوِيًّا	같이, 함께
كِلا البلدَيْن	양국 모두
لِزام	필요(성)
أجِدُ لِزامًا عليَّ أنْ...	나는 …해야 할 필요성을 느낀다
يُشيدُ بـ...	…를 치하하다
إيجابيّ	긍정적인, 적극적인
تنميةُ الموارِدِ البشريّةِ	인적 자원 개발
ذاتُ علاقةٍ	관계 있는, 관련 있는 (= مَعْنِيّ)
تذليل	제거; 극복, 타개; 낮춤
توفير	제공; 공급; 절약
جوّ (ج أجواء)	날씨, 기온; 분위기, 환경
مُلائِم	적절한, 적당한 (= مُناسِب)
تحصيل	성취; 획득; 수집

연설문에 자주 사용되는 표현

سيداتي وسادتي!

الضيوف (الحضور) الكرام!

الأساتذة الأفاضل!

يسرّني أن...

إنّه لشرف كبير لي بأن...

لا يسعني إلاّ أن...

أتوجّه بخالص الشكر والتقدير

الشكر موصول(مُوَجَّه) إلى...

اسمحوا لي بـ...

أيّها المؤتمرون!

مديرُ المعهدِ... المُحْتَرَمُ!

الطلاب الأعزاء!

يسعدني أن...

إنّه لَمن دواعي سروري أنْ...

لا يفوتني أن

أتقدّم بجزيل الشكر والعرفان لِـ...

أشكر من أعماق قلبي لـ... على~

خِطاب مراد الحسين، أمير الأردنّ

صاحِبُ الفَخامة رئيس جمهورية كوريا الصديقة الموقّر

أصحابُ الفخامة

أصحابُ السمو

اسمحوا لي باسمي واسم الوفد الأردنّي أن أتقدّم بجزيلِ الشكرِ لفَخامتِكم وحكومتِكم وشعبِكم الطيّبِ لدعوتِنا لحضورِ هذه المناسبةِ الطيّبة بانطلاق الجمعيةِ العربيةِ ـ الكوريةِ.

وفي هذه المناسبةِ أنقل تحيّاتِ جلالةِ الملك عبدالله الثاني بن الحسين المُعَظَّم إليكم جميعا متمنّيًا لهذه المبادرةِ النجاحَ والتوفيقَ بتحقيقِ كافّةِ تطلّعاتِها.

لقد عمِل بلدي الأردنّ منذ تأسيسِهِ على بناءِ علاقاتِهِ مع الدولِ العربيةِ كافّةً والدولِ الصديقةِ تعزيزًا للتعاونِ الدولي الذي يقوم على الاحترامِ المتبادلِ والتعاونِ في كافّةِ المجالاتِ وتعزيزِ فُرصِ السلام بين الشعوبِ لكي تتمكّن هذه الدولُ من تحقيقِ ما تسعى إليه من تقدّم وازدهار.

س ١) بأيّة مناسبة جاء هذا الخطابُ؟

س ٢) على ماذا عمِل الأردنّ منذ تأسيسه؟

어휘와 표현 연구

اسْمَحوا لـ... بـ~	…에게 ~를 허락하다 ㊮ اسمَحْ 는 명령형 즉, '허락해라'의 의미로, 본문에서는 '저와 대표단의 이름으로 감사를 드림을 허락해 주시기 바랍니다'의 의미이지만 굳이 말로 옮기지는 않는다.
يتقدَّمُ بـ...	…를 제출하다, …를 보내다.
فخامة	각하, 전하 (대통령에게 붙이는 호칭)
مُوَقَّر	존경하는; 경애하는, 친애하는
انطلاق	출발, 시작, 출범
الجَمْعيّة الكوريّة-العربيّة	한-아소사이어티(Korea-Arab Society)
يَنْقُل	전하다, 전달하다
تَحيّة	인사, 안부
مُعَظَّم	위대한
مُبادَرة	구상(안); 착수, 출범 ㊟ مبادرةُ السلامِ 평화구상(안)
تَطَلُّعات	지향; 갈망
منذُ تأسيسه	설립 이후부터, 건국 이래로
كافّة	모두, 전부

유의할 도시 및 국가명

جنوب إفريقيا	남아프리카공화국
ساحل العاج	코트디브아르
جزر القمر	코모로군도
اليونان	그리스
المجر	헝가리
النمسا	오스트리아
(برطانيا (= المملكة المتّحدة	영국
جبل طارق	지브롤터
البندقية	베네치아
لاهاي	헤이그
تدمر	팔미라
بور سعيد	포트 사이드
الأقصر	룩소
المحيط الهادئ	태평양
المحيط الأطلسي	대서양
البحر الأبيض المتوسّط	지중해

وما حضورنا اليوم إلى بلدِكم الطيّبِ إلاّ خَطوةً في الاتّجاهِ الصحيحِ الصادقِ لمزيدٍ من المعرفةِ والاطّلاعِ على تجربتِكم الرائدة في عدّةِ مجالاتٍ، حيث إنّني على يَقين تامّ بأنّ كافّة دولِنا العربيةِ تسعى إلى الاستفادةِ من تجارِبكم الفنّيةِ وخاصّةً في مجالاتِ التكنولوجيا وإدارةِ الموّادِ وغيرِها فلا ننسى أيضا ما تتمتّعُ به دولُنا العربيةُ من تجاربَ غنيةٍ في مجالات عدّة وإمكانياتٍ ضخمةٍ ممّا يقود إلى نجاحِ هذه المبادرةِ من حيثُ تبادلِ الأفكارِ والتخطيطِ للمستقبلِ.

سأعمل ما بوُسْعِي لإنجاحِ هذه المبادرةِ في بلدي الأردنّ ولا يَسَعُنِي في الخِتام إلاّ أن أتمنّى النجاحَ لهذه الجمعيّة وتحقيقِ أهدافِها.

واسمحوا لي مرّة ثانيةً أن أشكرَ حكومةَ كوريا رئيسًا وحكومة وشعبا لدعوتِنا جميعا ولحُسنِ الضيافةِ.

س ٣) بماذا تتمتّع كوريا والدولُ العربية؟

س ٤) ماذا تعمل الجمعية الكورية ـ العربية؟

어휘와 표현 연구

ما حضورنا إلاّ خَطوةً	㊟ 우리가 참석한 것은 ~의 첫 걸음(시작)에 불과합니다. 즉, 우리가 참석한 것은 바로 (…하기 위한, …하는 데에 있어) 단계이다.
على يقينٍ بِـ...	…을 확신하다
ما يتمتّعُ بِـ...	…을 누리고 있는 것, 즐기는 것
غَنيّ	풍부한
من حيثُ...	…의 측면에서
ما بِوُسع...	(…가) 할 수 있는 것
لا يَسَعُنِي إلاَّ أن...	내가 할 수 있는 것은 …일 뿐이다, ~할 수 밖에 없다
حُسن الضِيافةِ	환대, 좋은 대접

보충심화학습

생각 정도의 표현

من اليسير أن...	…하는 것은 쉬운 일이다
من الجدير بالذكر أنّ...	…언급할 만한 가치가 있다
من الثابت أنّ...	…하는 것은 기정사실이다
من المعروف أنّ...	…한 것은 잘 알려져있다
من الواضح أنّ...	…한 것은 명백하다
من المتوقَّع أن...	…할 것으로 예상된다
من المرجَّح أنْ (أو أنّ)...	…할 것 같다
من المحتمَل أن...	…할 가능성이 있다
من المقرَّر أن...	…하기로 예정되다
من المتفَّق عليه أنْ (أو أنّ)...	…하기로 합의하다
من المفروض أن...	…해야 한다
من المستحسَن أن...	…하는 것이 바람직하다
أمر بأن...	…하라고 명령했다
اعتبر أنّ...	…라고 여겼다, 간주했다
صرَّح بأنّ...	…라고 밝혔다
عرف أنّ...	…라는 것을 알았다
تذكّر أنّ...	…라는 것을 기억했다
يعني أنّ...	…라는 것을 의미한다
لاحظ أنّ...	…라는 것을 인식했다, 주시했다
علم أنّ...	…라고 알았다
أدرك أنّ...	…라고 깨달았다, 인식했다
ظنّ أنّ...	…라고 생각했다
إنّه من أغلب الظنّ أنّ...	…라고 생각하다
إنّني على يقين تامّ...	…라고 생각하다

3

كلمة وزير المالية الكويتي السيّد مَشاري الخُمَيضي لاجتماعات اللجنة الوزارية الكويتية الكورية المشتركة

يَطِيبُ لي بمناسبة انعقاد اجتماعات اللجنة الوزارية الكويتية الكورية المشتركة أن أُعَبِّرَ عن خالص شكري لحُسْنِ الاستقبال، وطيبِ الإقامة في بلدكم الصديق وللترتيبات المتميّزة لإنْجاح أعمال هذه الاجتماعات.

يُسْعِدُني في هذه المناسبة أن نلتقيَ هنا في اجتماعنا الأوّل للجنة الوزارية الكويتية الكورية المشتركة.

وأَودُّ أن أَنْتَهِزَ هذه المناسبةَ لأُشيرَ إلى زيارة حضرةِ صاحبِ السموّ أميرِ البلاد الشيخِ صباحِ الأحمدِ الجابرِ الصباحِ إلى بلدكم الصديق في يوليو عام 2004، الأمرُ الّذي يَعْكِسُ إرادةَ قيادتَيْ البلدَيْنِ الصديقَيْنِ على دعمِ العلاقاتِ الثُنائية، ويَطيبُ لي أن أنقُلَ تحيّاتِ سموّ الشيخ ناصرِ المحمدِ الأحمدِ الصباحِ رئيسِ الوزراء وتمنّياتِهِ الخالصةَ بنجاح أعمال اللجنة المشتركة لمواصلة مسيرتها بشَتّى المجالات.

السيدات والسادة،

إنَّ المواضيعَ المطروحةَ على جَدوَلِ أعمالِ لجنتِنا تتّسم بالشُمولية والتنوُّع ونذكر منها التعاونَ الاقتصادي والاستثماري والتجاري والتعاونَ في مجالِ التعليمِ العالي وتكنولوجيا المعلومات والرياضة والصحّة والإعلام والأشغال والتخطيط، وهي دليلٌ على رغبةِ بلدَيْنا الصديقَيْنِ في استثمار وتنمية العلاقات الثُنائية لتحقيقِ مَصلحةِ ورفاهيةِ شعوبِنا، الأمرُ الذي يَحتاجُ إلى بذل الجهود وتكثيف التعاون الثنائي من أجل الوصول إلى المصالح المشتركة والمَنافِع المتبادلة.

وفي الخِتام، أتمنّى لاجتماعِنا هذا كلَّ التوفيق والنجاح ولبلدَيْنا التقدّمَ والاستقرارَ.

شكرا.

س ١) من الضيفُ الكويتي الذي زار كوريا في شهر يوليو عام ٢٠٠٤؟

س ٢) متى أُلقيت هذه الكلمةُ؟

س ٣) في أي مجالات تتعاون كوريا والكويت بوجه خاصّ؟

س ٤) ما رغبة كوريا والكويت؟

어휘와 표현 연구

اللَّجْنة الوِزارِيّة الكوَيْتية الكورية المشترَكة	한-쿠웨이트 장관급 공동 위원회
يَطيبُ لي أنْ...	나는 …을 하게 되어 기쁘다
خالِصُ شُكْرِي	나의 충실한 감사, 깊은 감사
حُسْن الاسْتِقبال	환대, 환영
طيب الإقامة	편안히 머묾
تَرْتيب	정리, 준비
يَنْتَهِزُ	(기회를) 잡다
مُناسَبة	계기, 경우 ㊟ بهذه المناسبةِ 이에 즈음하여, 이 기회에
الأَمْرُ الذي	(앞의) 사실은, 그 일은 …이다
يَعْكِسُ	반영하다
إرادَة	의지
إرادَة قيادتَيْ البلدَيْنِ	양국 지도부의 의지
عَلاقات ثُنائِيَّة	쌍무 관계, 양국 관계
مَسيرة	길, 노선
شَتَّى المجالات	다양한 분야, 제반 분야
مَطْروح	제시된, 제기된
جَدولُ أَعْمالٍ	일정, 스케줄, 어젠다, 의제
يَتَّسِمُ بـ...	…이 특징이다
شُمولية	보편성, 포괄성
تَنَوُّع	다양함, 다양성
رَفاهيّة	복지
تَكْثيف	(노력 등의) 응집
في الخِتامِ	마지막에, 마지막으로, 끝으로 (= ختامًا)

كلمة خادم الحَرَمَيْنِ الشَريفَيْنِ الملك عبد الله بن عبد العزيز آل سعود خلال مَأْدُبة العشاء التي أقامها جلالة ملك مملكة إسبانيا

بسم الله الرحمن الرحيم
صاحبُ الجلالةِ الصديقُ العزيزُ الملكُ خوان كارلوس ملكُ إسبانيا:
أيُّهَا السيّداتُ والسادةُ:
السلامُ عليكم ورحمةُ الله وبركاتُه:
أشْكُرُكُمْ يَا صاحبَ الجلالةِ على دعوتِكم الكريمةِ وعلى ترحيبِكم الحارّ وعلى مَا عَبَّرْتُمْ عَنْهُ مِنْ مشاعرَ نبيلةٍ نحوَ المملكةِ ونَحْوِي، وأُؤَكِّدُ لكم أنني وكلَّ أفرادِ الشعبِ السعودي نَكُنُّ الكثيرَ مِنَ المَودّةِ والتقديرِ لِشخصِ جلالتكم وللشعب الإسْباني الصديق.
صاحبُ الجلالة:
إنَّ ما قُمْتُمْ به من مبادرة لإنشاء البيت العربي ومعهدِهِ الدولي للدراسات العربية والعالم الإسلامي هو مَوضِعُ التقدير والامتنان من كلّ عربي وكلّ مسلم، وإنّني أتطلّع إلى أن تُسْهِمَ هذه المؤسّسة الرائدة في إقامة حوار بين الحضارات يُزِيلُ سوءَ التفاهم ويُعَزِّزُ التعاونَ والصداقة.
صاحبُ الجلالة:
إنّني أتطلّع إلى أن نَسْتكمِلَ خلالَ هذه الزيارة تطويرَ التعاون الذي بدأناه خلالَ زيارتكم الأخيرة للمملكة العربية السعودية، وإنّني على ثِقة تامّة أنّ مستقبل العلاقات الإسبانية السعودية سوف يكون مستقبلا مُشْرِقًا مَليئًا بالمُنْجَزات إن شاء الله.
وخِتامًا اسْمَحوا لِي أن أُكَرِّرَ الشكرَ لجلالتكم ولأُسْرَتِكُمْ الكريمة، وأتمنَّى لَكُمْ دَوامَ الصحّة والْعَافيةِ، وأتمنَّى للشعب الإسباني الصديق بقيادتكم المَزيدَ من الازدهار والرفاه. وشكرا جزيلا.

س ١) على ماذا يشكر الملكُ السعودي الملكَ الإسباني؟
س ٢) فيما ستُسْهِمُ مبادرةُ إنشاء البيت العربي حسب تطلّع الملك السعودي؟
س ٣) إلى ماذا يتطلّع الملك السعودي خلال هذه الزيارة؟
س ٤) ماذا يتمنّى الملك السعودي للملك الإسباني وللشعب الإسباني؟

어휘와 표현 연구

مَأْدُبة	연회, 축하연
مَا عَبَّرْتُمْ عَنْهُ مِنْ مشاعرَ نبيلةٍ	폐하께서 표현해 주신 고귀한 감정 ㊊ '~مِن ...ما 구문'은 명사구로써 مِن 다음에 ما가 지시하는 구체적인 대상이 온다. 예: ما أُحِبُّهُ مِنَ الفَواكِهِ 내가 좋아하는 과일
يَكُنُّ... لـ ~	~에게 …을 품다
مَوَدّة	애정, 사랑
يَتَطَلَّعُ إلى...	…을 열망하다, 갈망하다; 지향하다
رائد (ج رُوّاد)	선구적인, 개척의; 선구자, 개척자
يُزيلُ	없애다, 제거하다, 소멸시키다, 지우다
يُعَزِّزُ	강화하다, 튼튼히 하다
يَسْتَكْمِلُ	완성하다, 완수하다
على ثِقة تامّة	완전히 확신하는
مُسْتَقْبَل مُشْرِق	밝은 미래
مَليء بـ...	…로 가득 찬, 충만한
يُكَرِّرُ	반복하다, 되풀이하다
دَوام الصِحّةِ	항상 건강함
عافية (ج عَوافٍ)	건강; 기력, 원기
رَفاه	행복, 복리; 안락, 번영, 융성 (= رَفاهية، رَفاهة)

보충심화학습

탐이즈 (التمييز)

보통 분사나 أَفْعَلُ 패턴 등과 함께 쓰이는 비한정 목적격 명사로 “~한 면에서는, ~에 대해서는” 의 의미로 해석된다. 많은 경우에 비교급 أقلّ ، أكثر ، أكبر 등과 같이 쓰인다.

예: إجراءات أكثر شدّة (더 강력한 조치), الدول الأقلّ نموا (최저개발국),
البلدان الأشدّ فقرا (최빈국), مساعدات الدول الفقيرة كمًّا وكَيفًا (빈국에 대한 양적, 질적 원조),
١٠ نجماتٍ أكثر شعبيةً (10대 여자인기스타)

연설문

5

كلمة خادمِ الحَرَمَيْنِ خلال افتتاح معرض المُنْتَجاتِ السعودية

بسم الله الرحمن الرحيم

أيّها الصديق العزيز رئيس وزراء الهند الصديقةِ

أيّها الأصدقاء ورجال الأعمال

السلام عليكم ورحمة الله وبركاته

يُسْعِدُنِي أَن أَلتقيَ بكم مباشرة بعد قيامي بافتتاح مَعْرِضِ المنتجات السعودية في هذا المكان الجميل، كما يسعدني أَن أنوّهَ بالتطوّر الكبير في عَلاقاتنا الاقتصادية والتجارية التي تَجَسَّدَتْ من خلال تبادل الزيارات والتعاون التجاري بينكم وبين رجال الأعمال السعوديين وإِنْشَاءِ مَجْلِسِ رجال الأعمال السعوديين والهنود الحاضر بيننا الآن. وآمُل أن يلعب هذا المجلس دورا جيدا مُثْمِرا في تنمية العلاقات التجارية والاقتصادية بين البلدين.

إنّنا نرحّب بالأصدقاء من رجال الأعمال الهنود للاستثمار في المملكة في مُخْتَلِفِ القطاعات والأنشطة الاقتصادية والتجارية، وخصوصًا في قطاعات تقنية المعلومات والاتّصالات والدواء والتعدين والكهرباء والطاقة والخدمات.

ويسعدني أن أعلن أنّنا تَوَصَّلْنَا إلى اتِّفاقِيَتَيْنِ مهمّتين مع الهند الصديقة، تتعلّق الأولى بحماية وتشجيع الاستثمار وتَبادُلِهِ، وتتعلّق الثانيةُ بتَفادي الازدواجية الضريبية. ولا شكّ أنّه سيكون لهما بإذن الله أثر إيجابي على زيادة الاستثمارات وتَقْوِيَةِ العلاقات الثنائية.

وختاما أتمنّى لكم التوفيقَ ودوامَ السعادة، وشكرا لرئيس وزراء الهند الصديقة.

والسلام عليكم ورحمة الله وبركاته.

س ١) بما نوّه خادم الحرمين في العلاقات السعودية-الهندية؟

س ٢) ماذا تتناول الاتّفاقيتان بين السعودية والهند؟

어휘와 표현 연구

خادم الحرمين (الشريفين)	두 성지의 수호자 참 사우디의 국왕은 이슬람 양대 성지인 메카와 메디나를 관장하므로 '두 성지의 수호자'라는 호칭으로 불린다.
مَعْرِض (ج مَعارِضُ)	전시회; 박람회
افتتاح	개막; 개막식
يُنَوِّهُ بـ...	…에 찬사를 보내다; 지적하다
تَجَسَّدَ	구현되었다, 실현되었다
مَجْلِسُ رِجَالِ الأَعْمَالِ السعوديين والهنود	사우디-인도 기업인 위원회
يَأْمُلُ أنْ...	…을 희망하다
مُثْمِر	결실 있는; 유익한
هِنْدِي (ج هُنود)	인도인
تقنية المعلومات والاتصالات	정보통신기술(ICT)
دَوَاء (ج أَدْوية)	제약(製藥)
تعدين	광업
تَوَصَّلَ إلى اتفاقية	협정을 맺게 되었다
تَفادٍ	방지
ازْدِوَاجِية ضَرِيبِية	이중관세 참 동일 품목에 대하여 2종 이상의 관세율이 설정되어 있는 제도
أثر إيجابي على...	…에 긍정적인 영향
تقوية	강화 (= تعزيز، توثيق، توطيد)
خِتاما	끝으로
أَتَمَنَّى لكم التوفيقَ ودوامَ السَعادةِ	여러분의 성공과 행복을 기원합니다

6

كلمة سعادة السفير/ مُحَمَّد صَلاَحِ الدين عَبّاس، سفير جمهورية السودان بكوريا لمهرجان الثقافة العربية الثاني الذي تنظّمه الجمعيةُ الكورية العربية على شَرَف مشاركة الفِرْقة القومية للآلات الشعبية

سعادة الأمين العامّ السيّد تشوي سونغ-هو للجمعية الكورية العربية

سعادة السفير مُوسَى حَمْدان الطائيي سفير سلطنة عمان عميد السفراء العرب

أصحاب السعادة السفراء

السيّدات والسادة / السلام عليكم

في البدء يُسْعِدُنِي أن أعبّر عن شكرنا وتقديرنا لحضوركم لمشاهدة العرض الذي تقدّمه الفرقةُ القومية السودانية للآلات الموسيقية الشعبية والتي حضرتْ للمشاركة في فعاليّات مهرجان الثقافة العربية الثاني الذي تنظّمه الجمعيةُ الكورية العربية ومهرجانِ الصداقة الذي تَرعاه حكومةُ بلدية سيول Hi Seoul وهنا لا بُدَّ لي أن أقدّمك وافرَ شكر وتقدير حكومةِ وشعب السودان للجمعية الكورية العربية وحكومةِ بلدية سيول للدعم غير المحدود والجهدِ المُقَدَّر الذي بُذِلَ بواسطتها لإنجاح هذه المشاركة.

س ١) لماذا حضرت الفرقة القومية السودانية للآلات الموسيقية الشعبية إلى كوريا؟

س ٢) ما مهرجان هاي – سيول؟

어휘와 표현 연구

سَعادة 귀하 (존칭); 행복
참 سَعادتكُمْ 귀하, سعادة الرئيس 의장님, سَعادة السفير 대사님

مِهْرَجان (ج ـات) 축전, 축제, 페스티벌
참 مِهْرَجان الثَّقافة العَرَبية 아랍문화축전

يُنَظِّمُ 조직하다; 정리하다, 정돈하다

الجَمْعية الكُورية العَرَبية 한-아소사이어티(Korea-Arab Society, KAS)

شَرَف 명예, 영예, 영광; 존경, 위엄, 존엄

عَلى شَرَفِ... …에 경의를 표하여, …에 존경을 표하여

الأَمين العامّ 사무총장
(= السِكْرِتير العامّ، المُدير العامّ)

سَلْطَنة 술탄 왕국, 군주국

عَميد (ج عُمَداءُ) 단장, 학장, 원장
예 عَميد السُّفَراءِ العَرَب 아랍외교단장

يُسْعِدُنِي أَنْ... 나는 …하게 되어 기쁘다 (= يَسُرُّنِي أَنْ...)

تَقْدير (ج ـات) 평가, 판단; 경의, 존경

عَرْض (ج عُروض) 공연; 전시; 제안

الفِرْقة القَوْمِية السُودانية لِلآلات الموسيقية الشَعْبية 수단 국립전통예술단
참 الآلة المُوسِيقِية 악기

فَعَالِيّة 행사; 활동; 효력, 효과

صَداقة 우호, 우정

تَرْعَى 후원하다, 보살피다

بَلَدِيّة 시청, 시당국

مِهْرَجان الصَّداقة الذي تَرْعاهُ حُكومةُ بَلَدِيّةِ سِيول 서울시(정부)가 후원하는 우정의 축제, 하이서울페스티벌
참 서울특별시가 주최, 서울문화재단이 주관하는 축제로 2003년부터 시작되었다. 2008년부터 계절마다 한 차례씩 총 4회 진행된다.

어휘와 표현 연구

لاَ بُدَّ لي أَنْ... (=لاَ بُدَّ لي مِنْ +동명사)	나는 반드시 …해야 한다, 나는 불가피하게 …해야 한다. 문 명사 بُدّ 는 '피할 길'이란 뜻이며 لا 뒤에 탄윈을 취하지 않는 대격 형태로 와서 절대 부정을 나타낸다.
وافِر	풍부한, 많은, 넉넉한 참 وافر الشكر والتقدير 깊은 감사와 경의
الدَّعْم غَيْر المَحْدودِ	무한한 지원, 전폭적인 지원
الجَهْد المُقَدَّر	많은(평가 받을 만한, 상당한) 노력
إنْجاح	성공시킴, 성사시킴

أصحاب المعالي والسعادة السيّدات والسادة المُحْتَرَمِين

يهدف هذا المنشط إلى ترقية العلاقات الثقافية السودانية الكورية وتبصيرِ وتعريفِ الشعب الكوري بأنماط وأشكال الثقافة العربية والإفريقية في السودان وتعزيزِ التبادل الثقافي والتواصل بين الشعبَيْن الصديقين مما يؤدّي بدوره إلى تعزيز أواصر الصداقة بين شعبَيْ البلدَيْن.

إنّ الفرقة القومية السودانية للآلات الموسيقية الشعبية بقيادة المايسترو البروفسير جراهام عبد القادر الذي هو حجّةٌ في هذا المجال هي الفرقةُ الأولى بالسودان في هذا المجال الهامّ من أنماط الثقافة ومن أفضل الفرق على مستوى العالم حيث نالت في عام ٢٠٠٧ الجائزةَ الذهبية من المنظّمة الدولية للملكية الفكرية الوايبو والتي مقرُّها جنيف بسويسرا.

س ٣) ما هدف هذا المنشط؟

س ٤) ماذا نالت الفرقة القومية السودانية للآلات الموسيقية الشعبية في عام ٢٠٠٧؟

مُحْتَرَم	존경하는(=مُوَقَّر)
مَنْشَط	행사
تَرْقِية العَلاقات	관계 증진, 관계 발전 ㉮ رَقَّى 의 동명사
تَبْصير	보여줌, 설명함; 계몽함 ㉮ بَصَّرَ 의 동명사
تَعْريف الشَّعْبِ الْكُورِيِّ بِـ...	한국 국민에게 …을 알림, 설명함, 소개함
نَمَط (ج أَنْماط)	양식, 방식; 형태, 모양 ㉭ أَنْماط وَأَشْكال الثَّقافة 문화의 양식과 형태 نمط الحياة 생활 양식(방식)
بِدَوْرِه	이번 차례에는, 그 다음으로, 순차적으로 (보통 해석 생략)
آصِرة (ج أَواصِرُ)	유대, 관계, 연계 ㉭ أَواصِر الصَّداقة 우호관계
بِقِيادةِ...	…의 지휘하에, …의 주도로
المايْسْتْرُو	마에스트로 ㉭ 음악 분야에서 교사, 작곡가, 지휘자에 대한 경칭
حُجّة (ج حُجَج)	증거, 논거; 구실, 핑계; 권위자 ㉭ هو حُجّة في... 그는 …에서 권위자이다
...مِنْ أَفْضَلِ الفِرَق	…는 가장 훌륭한 예술단 중의 하나이다 ㉭ ...أَفْضَل فِرْقةٍ …는 가장 훌륭한 예술단이다
عَلى مُسْتَوى العالَم	세계적인 수준의, 세계적인
نال	받았다, 얻었다, 획득했다
جائزة (ج جَوائزُ)	상, 상패, 상장, 표창 ㉭ الجائزة الذَّهَبِيّة 금상 الجائزة الْفِضِّيّة 은상 الجائزة الْبُرونْزِيّة 동상
المُنَظَّمة الدَّوْلِيّة لِلمِلْكِيّةِ الفِكْرِيّةِ الوايْبُو	국제지적재산권기구 (World Intellectual Property Organization, WIPO) ㉭ حُقوق المِلْكِيّةِ الفِكْرِيّةِ 지적재산권
جِنيف	제네바

보충심화학습

어휘의 차이

فَرِيق (ج أَفْرِقة) 반, 단, 조; (군사)부대, (체육)팀-협동하여 일하는 사람들 모임
예) فريق عمل 실무팀, فريق اللاعبين 선수단

فِرْقة (ج فِرَق) 집단, 떼, 단체; (군사)사단, (체육)팀
예) الفرقة الموسيقية 오케스트라, فرقة تمثيل 극단,
فرقة استعراضية 공연단

جَلَسَ 누워있는 상태에서 앉다. (…하기위해) 앉다,
(협상테이블)에 앉다
예) جلس إلى طاولة المفاوضات

قَعَدَ 앉다, 서있는 상태에서 앉았다, 위에서 아래로 앉았다

أَمْسِ 어제, 오늘 전 날의 낮

البارِحة 어제, 지나간 가장 가까운 밤

أصحاب المعالي والسعادة السيّدات والسادة المحترمين

تقدّم الفرقة مُخْتَلِف العروض الثقافية مُسْتَخْدِمَةً في ذلك وسائطَ موسيقيّةً متعدّدةً ومتنوّعةً مثلَ الطمبور، البالمبو، العود، النقّارة والطبول الإفريقية المُخْتَلِفة مع الأغاني والرقصات الشعبية التي تعبّر عن اختلاف وتنوّع الثقافات السودانية من مختلف القبائل والأعراق فهناك أكثر من ٥٠٠ قبيلة في السودان كما أنّ هذه العروض تُقَدَّم بلغات مختلفة تعكس تنوّعَ وثراءَ الثقافة السودانية التي تغطّي قطرًا مساحتُهُ مليون ميل مربّع وهو الأكبرُ في إفريقيا ومما لا شكّ فيه أنّ هذه العروض هي أسمى تجسيدٍ للوحدة في التنوّع وتتّسم بالحرارة والحركة الإيقاعية المُؤَثِّرة إِذْ أنّها تنبع من إحساس عميق ومتدفّق من القلب للقلب ومن الروح للروح.

أُؤْمِنُ جازمًا بأنّكم ستستمتعون كثيرًا بالعرض وستبقى ذكراهُ ثابتةً متجدّدةً في نفوسكم ونأمل أن نرى في المستقبل القريب الفرقَ الكورية الفنّية في السودان لترسيخ مثلِ هذا التعاون الخلاّق.

والسلام عليكم ورحمة الله وبركاته.

س ٥) كم قبيلة لدى السودان؟

س ٦) ما أسمى تجسيد للوحدة في التنوّع؟

어휘와 표현 연구

واسِطة (ج وَسائطُ)	수단, 방법, 매체
وسائط موسيقيّة	음악매체
مُتنَوِّع	다양한, 갖가지의
الطَّمْبُور	탄부르 (류트계 발현악기) 참 중국, 중앙아시아, 서아시아, 동유럽, 남유럽 등지에서 널리 쓰이고 있는 악기로 터키에서는 반구형의 나무통에 150cm 가량의 긴 자루를 붙인 악기이며 고전음악의 연주에 쓰인다.
البَالِمْبُو	발림보 (악기의 한 종류)
العُود	우드 참 중동에서 사용되는 만돌린 비슷한 악기
النَقّارة	구리나 나무로 된 반구 형태의 작은 드럼
أُغْنِية (ج أَغانٍ)	노래 참 أَغاني الشِّتاء 겨울연가
قَبيلة (ج قَبائلُ)	종족, 부족
عِرْق (ج عُروق، أَعْراق)	인종, 종족; 뿌리, 근저
ثَراء	풍부함; 부, 재산
قُطْر (ج أَقْطار)	나라, 국가; 지역; 지름, 직경
مُرَبَّع	제곱, 평방 참 مِيل مُرَبَّع 평방 마일, مِتْر مُرَبَّع 평방 미터 참 مُكَعَّب 세제곱, 입방, مِتْر مُكَعَّب 입방 미터
مِمَّا لاَ شَكَّ فيهِ أَنَّ...	…라는 사실은 의심의 여지가 없다, 틀림없이 …이다 문 أَنَّ절이 주부이고 مِمَّا 절이 술부로 도치된 문장이다. فِيهِ 에서 ه 는 مَا 를 가리킨다.
أَسْمَى	가장 숭고한; 더 숭고한 문 سَمِيٌّ '높은'의 최상급 또는 비교급
تَجْسيد	구현, 체현
وَحْدة	통일, 일치; 단위
يَتَّسِمُ بـ...	…로 구별되다, …으로 특징 지어지다 문 وَسَمَ 의 VIII형

어휘와 표현 연구

حَرَكة	동작; 움직임, 운동
إيقاعيّ	리드미컬한, 율동적인 뮌 إيقَاع '리듬'의 관계형용사
مُؤَثِّر	영향을 주는; 감동을 주는, 흥겨운, 인상 깊은
يَنْبَعُ مِنْ...	…에서 시작되다; …에서 샘솟다
إحْساس	느낌, 감각; 감정
مُتَدَفِّق	솟구치는; 약동하는, 끓어오르는
جازِم	결정적인, 결단성있는; 확신한
يَسْتَمْتِعُ بِـ...	…을 누리다, 즐기다, 향유하다
ذِكْرَى (ج ذِكْرَيات)	추억, 회상, 회고; 기념
تَرْسيخ	강화, 견고화, 굳건히 함
خَلاَّق	창조적인, 창조의

7

كلمة سعادة عَبْد الله مُحَمَّد المَعِينَة سفير الإمارات العربية المتّحدة بمناسبة المهرجان الثاني للثقافة العربية

سعادة السيّد (سا كونغ إيل) رئيس الجمعيّة الكورية العربية
سعادة السيّد (كوون جونغ راك) نائب وزير الخارجية
سعادة السفير مُوسَى الطَّائِيي سفير سَلطنة عمان عميد السفراء العرب نائب رئيس الجمعية
أصحاب السعادة السفراء وعقيلاتهم
السيّدات والسادة الحضور الكرام

اسمحوا لي في البداية أن أتقدّم بالشكر والتقدير لسعادة رئيس الجمعية وسعادة الأمين العامّ للجمعية، على الجهود التي بَذَلُوها من أجل إقامة هذا المهرجان وفي تسهيل مشاركة الفرقة الوطنية الإماراتية للفنون الشعبية تحقيقًا لأهداف الجمعية المتمثّلة في دعم التبادل الثقافي بين كوريا والعالم العربي.

وأنتهز فرصة إقامة المهرجان الثاني للثقافة العربية، لأتقدّم بأحرّ التهاني للشعبين العربي والكوري بهذه المناسبة والتي تأتي في إطار التبادل الثقافي بين الجانبين. إنّ هذا المهرجان مناسبة جديدة وفرصة جيّدة أُتِيحَتْ للحضارة والثقافة العربيتين لتقديم مُقَوِّمَاتِهِما المتنوّعة والمتعدّدة بتنوّع وتعدّد الفنون والفرق الفنّية المشارِكة فيها، للشعب الكوري.

ونحن على ثقة بأنّ فعاليّات هذا المهرجان والمشاركات العربية فيه، من أفلام سينمائية وعروض فلكلورية وفنّية وموسيقية وأنشطة تراثية وغيرها، تعبّر عن إيقاع الحياة اليومية في عالمنا العربي، الغنيّ بتنوّعه الثقافي رغمَ وحدته الحضارية وتاريخه المُشْتَرَكِ.

س ١) ما أهداف الجمعية الكورية العربية؟

س ٢) بما يتمتّع الشعب الكوري في هذا المهرجان؟

어휘와 표현 연구

- بِمُناسَبةِ... : …을 맞이하여, …을 맞아
- عَقِيلة (ج ـات، عَقائلُ) : 부인, 배우자, 아내(= قرينة)
- الحُضور الكِرام : 참석자 여러분, 귀빈 여러분 (= الضُيوف الكِرام)
- اِسْمَحُوا لي أنْ... : 나는 …하고자 합니다.
- في البِدايةِ : 우선, 먼저, 처음에 (= في بادِئ البَدْءِ)
- إِقامة : 개최; 설립, 수립; 체류, 거주
- تَسْهيل : 편리하게 함, 용이하게 함
- تَحْقيقًا لأَهْدافِ... : …의 목적을 이루고자, …의 목표를 이룩하기 위해
  문 동명사 비한정 대격 형태를 취해 목적이나 이유를 나타낸다.
- مُتَمَثِّل في... : …에 나타나는
- أَنْتَهِزُ فُرْصةَ... لِـ ~ : 나는 …기회를 빌어 ~한다,
  나는 … 기회를 ~하기위해 이용하다
  (= أَغْتَنِمُ فُرْصةَ ... لِـ ~)
- تَهْنِئة (ج تَهانِئُ، تَهَانٍ) : 축하
- أَتَقَدَّمُ بِأَحَرِّ التَّهاني لِـ... بـ ~ : 나는 …에게 진심으로 ~에 대해 축하 드린다
  문 حارّ '뜨거운'의 최상급
- في إِطارِ... : …의 일환으로, …한 차원에서
- أُتيحَ لِـ... : (기회 등이) …에 부여되었다
  문 أَتاحَ 의 수동태
- مُقَوِّمات : (복수) 성분, 구성요소, 요인
- فَنّ (ج فُنون) : 예술; 기술, 재주
- نَحْنُ عَلى ثِقةٍ بِأَنَّ... : 우리는 …라고 믿는다, 확신한다
- أَفْلام سِينِمائِيّة : 영화
  예 مهرجان كان السينمائي 칸영화제
- فُلْكْلوريّ : 민속의(folkloric)
  참 القرية الفلكلوريّة 민속촌

어휘와 표현 연구

أَنْشِطة تُراثِيّة	문화유산 관련 활동
الحَياة اليَوْمِيّة	일상생활
غَنِيّ بِـ...	…로 풍부한, 부유한
التَّنَوُّع الثَّقافيّ	문화 다양성
مُشْتَرَك	공통의, 공동의, 합동의 ㊟ النُّقْطة الْمُشْتَرَكة 공통점

إنّ هذا التعدّد والتنوّع الثقافي في العالم العربي يجب أن يُنْظَرَ إليهما كشيء إيجابي وكنموذج جيّد لمنطقة تقع في قلب العالم من حيث الجغرافيا، لديها إسهاماتُها الكبيرة في الحضارة والتراث الإنْسَانِييْنِ، تجمعها قواسمُ مشتركةٌ مُمَثَّلَةٌ في وحدة اللغة والدين، وتنفرد كلُ دولةٍ منها بمُكَوِّنَاتٍ جزئية ثقافية وشعبية وتراثية محلّية خاصّة بها تُمَيِّزُهَا إلى حدٍّ ما عَمَّا هو سائدٌ في بقيّة الدول الأخرى.

ويمكن أن يُؤْخَذَ هذا الجانبُ كمثال حيّ لعالمٍ يجب أن تتعايش فيه الثقافاتُ لا أن يُهَيْمِنَ بعضُها على البعض الآخر، وأن تتكامل فيه مُكَوِّنَاتُ الحضارة الإنسانية وتتآلف لا أن تتصارع ويرفض بعضُها البعضَ الآخر.

كما أنّ هذا التنوّع والتعدّد من شأنهما أن يُتيحا لأصحاب الثقافات الأخرى فرصةً نادرة للتعرّف على الثقافة العربية ومُكَوِّنَاتِهَا المتنوّعة والمتعدّدة وعلى التقاليد العربية وأنماطِ الحياة السائدة وكافّةِ أنواع الفنون العربية والتي تُعْتَبَرُ الفعالياتُ المُقامةُ في هذه المناسبة جزءًا منها.

س ٣) في أي مجال ساهمت منطقة العالم العربي؟

س ٤) أي فرصة تتاح لأصحاب الثقافات الأخرى؟

어휘와 표현 연구

نَموذَج (ج نَماذِجُ)	본보기, 모범; 모형, 패러다임
مِنْطَقة تَقَعُ في قَلْبِ العالَم	세계의 중심에 위치한 지역
مِنْ حَيْثُ...	…의 측면에서, …점에서, …에 관하여 참 مِنْ حَيْثُ الثَّقافَةُ 문화적인 측면에서, 문화 면에서 ※ مِنْ حَيْثُ 뒤에 오는 명사의 격은 주격이다.
إسْهام (ج ـات)	기여, 공헌
قاسِم (ج قَواسِمُ)	분모, 나누는 수 참 الْقاسِم الْمُشْتَرَك الأَعْظَم 최대공약수 الْقاسِم الْمُشْتَرَك الأَصْغَر 최소공약수
قَواسِمُ مُشْتَرَكة	공통분모, 공통점
يَنْفَرِدُ...(بِـ...)	독자적으로, 단독으로 …를 하다
مُكَوِّنات	(복수) 성분, 구성부분, 구성요소
يُمَيِّزُ... عَنْ~	…를 ~와 구분한다, 구별한다
إلى حَدٍّ ما	어느 정도
بَقِيّة (ج بَقايا)	나머지, 여분, 잔재
سائِد	지배적인, 압도적인, 만연한
ما هُوَ سائِدٌ في بَقِيّةِ الدُوَلِ الأُخْرَى	나머지 다른 국가들이 가지고 있는 특징
يُؤْخَذُ كَـ...	…로 여겨진다, …로써 받아들여 진다 문 أَخَذَ 의 미완료 수동태
جانِب (ج جَوانِبُ)	옆, 쪽, 측면; 부문, 몫; 량
مِثال (ج أَمْثِلة، مُثُل)	예, 실례; 모범, 본보기 참 الْمُثُل الْعُلْيا 이상(理想)
يَجِبُ أَنْ... لاَ أَنْ~	~가 아니라 …해야 한다
يَتَعايَشُ	같이 산다, 공존한다
يُهَيْمِنُ على...	…을 지배한다, …에 권력을 행사한다 참 هَيْمَنة 헤게모니, 패권, 주도권

어휘와 표현 연구

يَتَكامَلُ	상호 보완하다, 통합되다; 완성되다 참 التَّكامُل الاِقْتِصادِيّ 경제통합
يَتَأَلَفُ	연합하다, 서로 화목하게 지내다, 합의하다
يَتَصارَعُ	서로 다툰다, 충돌한다, 싸운다
مِنْ شَأْنِهِمَا أَنْ...	그 둘은 …에 관련이 있다, 그 둘은 …할 것이다 (관계를 나타낸다)
نَادِر	휘귀한, 드문; 진기한, 특이한
التَعَرُّف عَلى...	…을 알게 됨
تَقْليد (ج تَقالِيدُ)	전통; 모방
المُقامة	개최된 문 أَقَامَ 의 수동분사

وفي الختام أتمنّى أن يكون للجهود التي تقوم بها الجمعيةُ الكورية العربية من خلال هذا المهرجان والأنشطة المستقبلية إسهام إيجابي وفعّال في تعزيز الفهم المتبادَل وخَلْقِ مزيدٍ من التقارب بين ثقافات وعادات كوريا والعالم العربي ودعم التعاون والتبادل والتكامل الثقافي والشعبي بمعناه الواسع، وتوطيد أواصر المودّة والصداقة القائمة بين الشعب الكوري والشعب العربي، والتعايش السِلْمي بين حضارة وثقافات كل من الجانبين.

ولا يَفُوتُنِي في هذه المناسبة أن أتقدّم بشكري الجزيل لمعالي عَبْد الرحْمَن العُوَيْس وزيرِ الثقافة والشباب وتنمية المجتمع في الإمارات العربية المتّحدة على مبادرته الكريمة بالتوجيه بالمشاركة في هذا المهرجان الثقافي.

كما أودّ أن أقدّم شكري وتقديري لرئيس وفد الإمارات إلى هذا المهرجان ورئيس الفرقة الوطنية الأستاذ/عِيد الفَرَج ومدير الفرقة السيّد/ نَاصِر الجُنَيْبِي وإلى كافّة أعضاء الفرقة التي حقّقت حضورًا ثقافيًا قويًّا في عدّة دولٍ زارتها مِنْ قَبْلُ، على تحمّلهم عَناءَ السفر تحقيقًا للحضور الثقافي للإمارات في جمهورية كوريا الصديقة.

س ٥) ماذا تمنّى المتحدّث في الختام؟

س ٦) إلى مَنْ تقدّم المتحدّث بشكره وتقديره؟

어휘와 표현 연구

يَتَمَنَّى	희망하다, 바라다 ㊮ 직접 목적어나 ...أَنْ으로 이어지는 명사문이 온다. يتمنّى لكم نجاحا. (그는 당신의 성공을 바란다.) = يتمنّى لكم أنْ تنجحوا.
الأَنْشِطة المُسْتَقْبَلِيّة	앞으로의 활동, 향후 활동
فَعّال	효과적인
الفَهْم المُتَبادَل	상호이해 ㊟ المَنفَعة المُتَبادَلة 상호이익, 호혜, الثِقة المُتَبادَلة 상호신뢰
تَوْطِيد	강화, 공고화
مَوَدّة	애정, 사랑; 우애 ㊟ أواصِر المودّة 우호관계
سِلْمِيّ	평화의, 평화적인
يَفوتُ	지나가다, 경과하다; 놓치다
لاَ يَفُوتُني في هذِهِ المُناسَبة أَن...	나는 이 자리를 빌려 꼭 …하고자 합니다
جَزيل (ج جِزال)	많은, 풍부한; 큰, 거대한
وَزير الثَّقافة وَالشَّباب وَتَنْمِية المُجْتَمَع	문화 청년 사회개발부 장관 (UAE)
مُبادَرة بِـ...	…를 주창, 주도; 구상, 계획, 이니셔티브(initiative)
وَفْد (ج وُفود)	대표단
أَعْضاء الفِرْقة	단원
مِنْ قَبْلُ	이전에, 앞서
عَناء	고생, 난관; 피곤, 피로
تَحَمُّل عَناء السَّفَر	여행의 피곤을 참아냄, 여독을 견디어냄

보충심화학습

연설문에 자주 사용되는 속담

أَوَّلُ الْغَيْثِ قَطَرَةٌ / رِحلةُ الألفِ ميلٍ تَبدأ بِخُطوة واحدة.	천릿길도 한 걸음부터.
الرفيق وقت الضيق / الصديق عند الضيق.	어려울 때 친구가 진정한 친구다.
رغيف الخبز خير من الرحلة إلى جبل الماس الخلاب.	금강산도 식후경.
الفرح يَكْبُرُ كُلَّمَا شاركناهُ مع الآخرين والحزن ينقص كلما شاركناه مع الآخرين.	기쁨과 행복은 나눌수록 커지고, 슬픔과 불행은 나눌수록 작아진다.
التصفيق يتطلب يدين.	손뼉을 마주쳐야 소리가 난다.
الأشياء ليست كما تبدو (عليه).	눈에 보이는 것이 다가 아니다.

부 록

통번역 분야별 용어집

1. 정치

مَجْلِسُ التَّعاوُنِ الْخَلِيجِيِّ	걸프협력회의 GCC (Gulf Cooperation Council)
الأُمَمُ الْمُتَّحِدَةُ	UN (United Nations)
الْجَمْعِيَّةُ الْعَامَّةُ	총회
يُونَسْكُو مُنَظَّمَةُ الأُمَمِ الْمُتَّحِدَةِ لِلتَّرْبِيَةِ وَالْعِلْمِ وَالثَّقَافَةِ	UNESCO (The United Nations Educational, Scientific and Cultural Organization
مُنَظَّمَةُ الاِتِّحَادِ الأُورُوبِّي	EU (European Union)
حِلْفُ شَمَالِ الأَطْلَسِيِّ	NATO (North Atlantic Treaty Organisation)
الْوِكَالَةُ الدُّوَلِيَّةُ للطَّاقَةِ الذَّرِّيَّةِ	IAEA (International Atomic Energy Agency)
مُنَظَّمَةُ التحرير الْفِلَسْطِينِيَّةِ	PLO (Palestine Liberation Organization)
جَامِعَةُ الدُوَلِ الْعَرَبِيَّةِ	아랍연맹 (the Arab League)
الرَّابِطَةُ الإِسْلاَمِيَّةُ	the Muslim League
مُنَظَّمَةُ التَّعَاوُنِ الإِسْلاَمِيِّ	이슬람 협력 기구 OIC (Organization of Islamic Cooperation
الإِخْوَانُ الْمسْلِمُونَ	무슬림 형제단 (the muslim brotherhood)
الْمُؤْتَمَرُ الْيَهُودِيُّ الْعَالَمِيُّ	세계유대인회의 WJC (World Jewish Congress)
الْكَنِيسَتُ	이스라엘 국회 (the Knesset)
جَبْهَةُ الإِنْقَاذِ الإِسْلاَمِيَّةُ	the Islamic Salvation of African Unity
مُنَظَّمَةُ الْوَحْدَةِ الإِفْرِيقِيَّةِ	아프리카 통일 기구 OAU (Organisation of African Unity)
مَجْلِسُ الأَمْنِ	안전 보장 이사회
الدُّوَلُ الْخَمْسُ ذَاتُ الْعُضْوِيَّةِ الدَّائِمَةِ في مَجْلِسِ الأَمْنِ	안전 보장 이사회 5개 상임 이사국
الْمُجْتَمَعُ الدُّوَلِيُّ	국제사회
مِحْوَرُ الشَّرِّ	악의 축
جَمَاعَةُ السَّلاَمِ الأَخْضَرِ	국제 환경 보호 단체 (Greenpeace)
هَيْئَةُ الصَّلِيبِ الأَحْمَرِ	적십자사 (the Red Cross)

هَيْئَةُ الْهِلاَلِ الأَحْمَر	적신월사 (the Red Cresent Authority)
مُنَظَّمَةُ الْعَفْوِ الدَّوْلِيَّةُ	국제 사면 위원회 (Amnesty International)
حِزْبُ الْعُمَّالِ	노동당 (the Labour Party)
حِزْبُ الْمُحَافِظِينَ	보수당 (the Conservative Party)
حِزْبُ اللِّيبِرَالِيِّينَ	자유당 (the Liberals)
الْحِزْبُ الدِّيمُوقْرَاطِيُّ	민주당 (the Demacrats)
الْحِزْبُ الْجُمْهُورِيُّ	공화당(the Republicans)
الْيَمِينُ	우익
الْيَسَارُ	좌익
الأَدَوَاتُ السِّيَاسِيَّةُ	정치 기구
مُحَافَظَةٌ	보수주의
لِيبِرَالِيَّةٌ	자유주의
تَعَدُّدِيَّةٌ	다원주의, 다당주의
تَعَدُّدِيَّةٌ ثَقَافِيَّةٌ	다문화 주의
مُعَادَاةُ السَّامِيَّةُ	반유대주의
رَأْسُمَالِيَّةٌ	자본주의
اشْتِرَاكِيَّةٌ	사회주의
شُيُوعِيَّةٌ	공산주의
شُمُولِيَّةٌ	전체주의
إِقْطَاعِيَّةٌ	봉건제도
نَازِيَّةٌ جَدِيدَةٌ	네오나치즘(neo-Nazism)
صَهْيُونِيَّةٌ	유대주의(Zionism)
عُنْصُرِيَّةٌ	인종주의
تَطَرُّفٌ	극단주의
إِرْهَابٌ	테러리즘

فِئَوِيَّةٌ	파벌주의, 파벌성
انْفِصالِيَّةٌ	분리주의
مَذْهَبِيَّةٌ، طائِفِيَّةٌ	파벌주의, 종파주의
أُصُولِيَّةٌ	근본주의, 원리주의
حُكْمٌ ذاتِيٌّ	자치
تَقْرِيرُ مَصِيرِهِ/ها	자기 결정, 자결
نِظَامُ الحِزْبِ الوَاحِدِ	일당 주의 체제
نِظَامُ الأَحْزابِ المُتَعَدِّدَةِ	다당 주의 체제
حُكْمٌ لا مَرْكَزِيٌّ	분권 체제
مَلَكِيَّةٌ دُسْتُورِيَّةٌ	입헌 군주제
اِشْتِراكِيٌّ	사회주의의, 사회주의자
شُمُولِيٌّ	전체주의의, 전체주의자
شُيُوعِيٌّ	공산주의의, 공산주의자
رَأْسُمَالِيٌّ	자본주의의, 자본주의자
أَساسِيٌّ، أُصُولِيٌّ	근본주의, 원리주의, 근본주의자
صَهْيُونِيٌّ	시온주의의, 시온주의자
عَلْمانِيٌّ	세속주의, 세속주의자
انْفِصالِيٌّ	분리주의, 분리주의자
مَذْهَبِيٌّ، طَائِفِيٌّ	파벌주의, 파벌주의자, 종파주의자
فِئَوِيٌّ	파벌의, 당파의
دُسْتُورِيٌّ	헌법의, 헌법상의
غَيْرُ دُسْتُورِيٍّ	헌법에 위배되는
دِيمُوقْراطِيٌّ	민주주의의
نَخْبَوِيٌّ	선거의
قَبَلِيٌّ	부족의, 종족의

عِرْقِيٌّ	인종의, 민족의
مُتَطَرِّفٌ	극단주의
مُتَشَدِّدٌ	급진적인, 급진파, 강경파
مُتَصَلِّبٌ	강경한
ثَوْرِيٌّ	혁명의, 혁명적인
يَمِينِيٌّ	우익의, 보수의, 우파주의자
يَسَارِيٌّ	좌익의, 진보의, 좌파주의자
مُحَايِدٌ	중립의, 중립주의자
اتِّحادٌ ج ـــات	연합
رابِطَةٌ ج رَوابِطُ	연합, 연방
تَحالُفٌ	동맹
مَجْلِسٌ ج مَجالِسُ	의회
جَمْعِيَّةٌ	연맹, 클럽, 단체, 학회
شَبَكَةٌ	네트워크
تَكَتُّلٌ	블록, 공동체
جَبْهَةٌ	전선, 앞면, 앞쪽
لَجْنَةٌ ج ـــات/ لِجَانٌ	위원회, 기구
هَيْئَةٌ	기구, 기관
مُعارَضَةٌ	반대
مُقاوَمَةٌ	대항, 저항
حِزْبٌ ج أَحْزابٌ	당(黨)
حِزْبٌ حاكِمٌ	여당
جِناحٌ ج أَجْنِحَةٌ	날개, 진영
حُكُومَة	정부
مَلِكَةٌ	여왕

عاهِلٌ ج عواهِلُ	군주, 폐하
وَلِيُ العَهْدِ	왕세자
صاحِبُ الجَلاَلَةِ	국왕 폐하
سُلْطَانٌ ج سَلاَطِينُ	술탄
أَمِيرٌ ج أُمَرَاءُ	왕자
والٍ ج وُلاَةٌ	총독, 주지사
خَادِمُ الْحَرَمَيْنِ الشَّرِيفَيْنِ	두 성지(메카, 메디나)의 수호자 (사우디 국왕)
سَفِيرٌ ج سُفَرَاءُ	대사
أَمِينٌ عامٌّ	사무총장
مُتَحَدِّثٌ بِاسْم	대변인
نَاطِقٌ بِاسْم	대변인
رَائِدٌ ج رُوَّادٌ	탐험가, 개척자
جُمْهُورِيَّةٌ	공화국
دَوْلَةٌ ج دُوَلٌ	국가, 나라
وَطَنٌ ج أَوْطَانٌ	조국, 국가
شَعْبٌ ج شُعُوبٌ	민족, 백성, 국민
قَوْمٌ ج أَقْوَامٌ	민족, 백성
بَلَدٌ ج بِلَادٌ، بُلْدَانٌ	국가, 나라
دُوَلٌ نامِيَةٌ	개발도상국
دُوَلٌ مُتَخَلِّفَةٌ	후진국
دُوَلٌ المُتَقَدِّمَةٌ	선진국
دَوْلَةٌ قَوْمِيَّةٌ	민족국가
عاصِمَةٌ ج عَواصِمُ	수도
الدُوَلُ العُظْمَى	강대국
دُوَلُ الخَلِيجِ	걸프 국가

الأَرَاضِي المُحْتَلَّةُ	점령지
الضِفَّةُ الغَرْبِيَّةُ	요르단 강 서안지구
قِطَاعُ غَزَّةٍ	가자 지구
الاِحْتِلاَلُ	점령
مُخَيَّمٌ ج ـــات	난민 캠프
مُسْتَوْطَنَاتٌ	정착촌
حُقُوقُ الإنْسَانِ	인권
دَوائِرُ سِيَاسِيَّةٌ	정치계
أَوْسَاطُ سِيَاسِيَّةٌ	정치계
مَصَالِحُ مُرسَّخَةٌ	확고부동한 이익, 이득
حَيَاةٌ عَامَّةٌ	공적 생활, 사회 생활
دُسْتُورٌ ج دَسَاتِيرُ	헌법
وَثِيقَةٌ ج وَثائِقُ	문서, 문건, 증명서, 조사
مَرْسُومٌ ج مَرَاسِيمُ	법률, 법령
خَبِيرٌ ج خُبَرَاءُ	전문가
مُتَخَصِّصٌ	전문가
سِيَاسَةٌ	정치, 정책
مَبْدَأٌ ج مَبادِئُ	기초, 원칙, 독트린
تَيَّارٌ ج ـــات	흐름, 학파, 경향
اخْتِلافٌ ج ـــات	차이, 모순, 불일치
فَرْقٌ ج فُرُوقٌ	차이, 차별
فَارِقٌ ج فَوَارِقُ	차이(나는), 구별(되는)
تَشَابُهٌ ج ـــات	비슷함, 유사함
بَرْنَامَجٌ ج بَرَامِجُ	강령, 계획, 규정
إِصْلاحٌ ج ـــات	개혁, 개선, 시정

تَحْدِيثٌ	현대화, 최신화
حَقِيبَةٌ ج حَقَائِبُ	가방, 배낭
تَوَلَّى حَقِيبَةً	장관직을 인수하다, 맡다
تَعْدِيلٌ وِزَارِيٌّ	내각 개편
أَوْرَاقُ اعْتِمَادٍ	신임장
سَلاَمٌ	평화
مُصَالَحَةٌ	평화 체결, 화해
عَفْوٌ (عَنْ)	사면, 면책
حَلٌّ ج حُلُولٌ	해결
حَلٌّ وَسَطٍ	타협, 절충
تَسْوِيَةُ مَطَالِبَ	요구안 해결
تَسْوِيَةٌ سِلْمِيَّةٌ	평화적 해결
مُعَاهَدَةُ سَلامٍ	평화 조약
عَمَلِيَّةُ سَلامٍ	평화 협상
تَعَهُّدٌ ج ـــات	협정, 계약
اتِّفَاقٌ، اتِّفَاقِيَّةٌ	협정, 조약
حِلْفٌ	동맹, 연맹
تَقَارُبٌ	상호 접근
عُزْلَةٌ، عَزْلٌ	고립, 격리
ائْتِلافٌ	연합, 연맹, 연립
تَنْسِيقٌ بَيْنَ	정리, 배열, 조정
حِوَارٌ ج ـــات	대화, 회화
شِعَارٌ ج ـــات	슬로건
قِمَّةٌ ج قِمَمٌ	정상, 정점
مُؤْتَمَرٌ ج ـــات	회의

اجْتِماعٌ ج ـــات 모임, 회의

لِقَاءٌ ج ـــات 회견

مُوَاجَهَةٌ 대면, 직면

مُفاوَضَاتٌ 협상, 회담

مُبَاحَثَاتٌ، مُحَادَثَاتٌ 토의, 회담

مُشَاوَرَةٌ 협의, 협상

مُنَاقَشَةٌ 토론, 토의, 논쟁

مُبَادَرَةٌ 착수, 발의, 구상안, 구상 계획

خِيَارٌ ج ـــات 선택

اقْتِرَاحٌ ج ـــات 제안
مُقْتَرَحٌ ج ـــات

نَصِيحَةٌ ج نَصَائِحُ 충고

رَدُّ فِعْلٍ ج رُدُودُ أَفْعَالٍ 대응, 반응

إِجْرَاءَاتٌ 조치, 대책

إِجْرَاءَاتٌ اسْتِثْنَائِيَّةٌ 비상 조치

مُسْتَجِدَّاتٌ 혁신

بَذَلَ جَهْدًا 노력하다

جَوْلَةٌ 순회, 순찰, 여행, 순방

دَوْرَةٌ 회전, 순환, 주기, 회기

دَوْرَةٌ بَرْلَمَانِيَّةٌ 국회 회기

جَلْسَةٌ 회의, 모임

مَرْحَلَةٌ ج مَرَاحِلُ 단계, 시기

تَقْدِيرٌ لِـ ~을 인정, 평가

عَلاَقَاتٌ ثُنَائِيَّةٌ 쌍무 관계

عَلاَقَاتٌ ثُلاَثِيَّةٌ 삼자 관계

عَلاقَاتٌ مُتَعَدِّدَةُ الأطْرَافِ	다자 관계
تَطْبِيعُ العَلاَقَاتِ	관계 정상화
قَطَعَ العَلاَقَاتِ	관계를 단절하다
أعَادَ العَلاَقَاتِ	관계를 회복하다
الدِبْلُومَاسِيَّةُ	외교
ضَغْطٌ ج ضُغُوطٌ	압력, 압박
تَوَتُّرٌ ج ـــات	긴장
تَرَدُّدٌ	동요, 망설임
تَقَدُّمٌ	발전
تَخَلُّفٌ	낙후
الحَالَةُ الرَاهِنَةُ	현재 상황
تَدَهْوُرٌ	추락, 몰락, 쇠퇴
اسْتِقْلالٌ	독립
وَحْدَةٌ	단일, 통일; 부대
ثَوْرَةٌ ج ـــات	혁명
انْقِلاَبٌ ج ـــات	전복, 정변, 개변
حَالَةُ الطَّوَارِئ	긴급 상황
أقَالَ / يُقِيلُ (إقَالَةٌ)	~을 폐지, 철폐하다
عَزَلَ / يَعْزِلُ	~을 고립, 분리, 격리시키다
حَلَّ / يَحُلُّ	해결하다
فَكَّكَ	풀다, 와해시키다
اعْتَزَلَ من	~을 멀리하다, 피하다
اِنْشَقَّ عن	쪼개지다, 나눠지다
تَفَكَّكَ	풀리다, 해체되다, 와해되다
وَضَعَ / يَضَعُ حَدًّا لـ...	~을 종식시키다, 끝장내다

أَنْهى	~을 끝내다, 마치다
انْتَهى	끝나다, 완결되다, 만기되다
أفْسحَ المَجَالَ	분야를 넓히다
اغْتَال / يَغْتَالُ	~를 암살하다
اخْتَطَفَ	납치하다
انْتَمَى إلى	관련되다, 속하다
أَوْشَكَ على	막~하려던 참이다
عَقَدَ / يَعْقِدُ	회의를 소집하다, 열다
انْعَقَدَ	회의가 열리다, 소집되다
أَجْرَى / يُجْرِي	수행, 실시, 진행하다
نَسَّقَ	배열하다, 정리하다, 조정하다
اسْتَأْنَفَ	재개하다
جَدَّدَ	혁신, 갱신하다, 새롭게하다
حَضَرَ / يَحْضُرُ	참석하다
اسْتَغْرَقَ	시간이 걸리다
اسْتَمَرَّ	계속되다, 지속되다
أَجَّلَ / يُؤَجِّلُ	~을 미루다, 연기하다
أَخَّرَ / يُؤَخِّر	~을 미루다, 지연시키다
تَأَخَّرَ	늦어지다, 뒤처지다
اسْتَقْبَلَ	~을 맞이하다, 영접하다
الْتَقَى بِـ	~와 만나다, 상봉하다
قَامَ / يَقُومُ بِـ	~을 수행하다, 이행하다
قَامَ بِزِيَارَةٍ رَسْمِيَّةٍ	공식 방문하다
بِدَعْوَةٍ مِنْ	~의 초청에 의한
مُحَاوَلَةُ اغْتِيَالٍ	암살시도

اِدِّعَاءٌ ج ـــات	주장, 소송, 요구
مُهَاتَرَةٌ	말싸움, 욕지거리하기
اسْتِنْكَارٌ	비난, 규탄
صِمَامُ الأَمَانِ	안전 밸브
مُنَافَسَاتٌ طَائِفِيَّةٌ	종파적 경쟁
اسْتِقَالَةٌ	사직
وَاجَهَ	직면하다, 마주하다, ~와 맞서다
ثَارَ / يَثُورُ (ثَوْرَةٌ)	흥분하다, 봉기, 혁명을 일으키다
تَظَاهَرَ	시위하다, 데모하다
قَاوَمَ	~에 반항하다, 저항하다, 싸우다
عَارَضَ	~에 반대, 반항, 대항하다
رَفَضَ / يَرْفُضُ	거절하다
صَارَعَ	~와 투쟁하다
نَاضَلَ	~와 싸우다, 투쟁하다
كَافَحَ	~에 직면하다, 싸우다, 퇴치하다
نَازَعَ	~와 싸우다, 분쟁하다
قَاتَلَ	~와 싸우다, 전투하다
مَنَعَ / يَمْنَعُ ه من	~하는 것을 방해하다, 가로막다
بَذَرَ / يَبْذُرُ (الفِتْنَةَ والشَقَاقَ)	(반란, 분열) 씨를 뿌리다, 전파하다
نَافَسَ على	~을 위해 투쟁하다, 경쟁하다
انْهَارَ / يَنْهَارُ	파괴되다, 허물어지다
أَسْقَطَ النِظَامَ	체제(정권)을 붕괴시키다
سَلَّمَ السُلْطَةَ	정권을 양도하다
نَقَلَ / يَنْقُلُ السُلْطَةَ إلى	정권을 이양하다
أَعَادَ الدِيمُوقْرَاطِيَّةَ	민주주의를 회복하다

تَوَلَّى ~을 책임지다, 지도하다

اسْتَوَلَى على 소유하다, 점령하다

طَغَى / يَطْغَى ~을 지배하다

سَيْطَرَ على ~을 지배하다, 통치하다

قَمَعَ / يَقْمَعُ ~을 진압하다, 탄압하다

تَحَرَّشَ بِـ ~에 반대하다, 대항하다

عَلَّقَ 언급하다, 연관시키다

أَزَالَ / يُزِيلُ 제거하다

هَمَّشَ 각주를 달다

أَلْغَى / يُلْغِي ~을 폐지하다, 취소하다

تَوَجَّهَ إِلَى ~로 향하다, 돌리다, 가다

فِي طَرِيقِ عَوْدَتِهِ مِن ~로 부터 돌아오는 길에

فِي خِتَامِ زِيَارَتِهِ إِلَى ~의 방문 끝에

اخْتَتَمَ زِيَارَةً 방문을 마치다

رَافَقَ 함께 가다, 동행하다

اصْطَحَبَ 함께 가다, 동행하다

أَرْسَلَ 보내다, 발송하다

بَعَثَ / يَبْعَثُ 보내다, 파견하다, 발송하다

قَدَّمَ 제공하다, 제출하다,

سَلَّمَ 양도하다, 위임, 위탁하다, 넘겨주다

مَنَحَ / يَمْنَحُ 주다, 수여하다, 허가하다

تَسَلَّمَ ~를 받다, 인수하다

حَصَلَ / يَحْصُلُ عَلَى ~를 얻다, 획득하다

تَلَقَّى 수령하다, 받다

اتَّفَقَ عَلَى 합의하다, 동의하다

أَجْمَعَ عَلَى	~에 만장일치하다
وَقَّعَ	서명하다
قَرَّرَ	결정하다, 규정하다
عَزَمَ / يَعْزِمُ عَلَى	결심하다, 결정하다
حَسَمَ / يَحْسِمُ	끝마치다, 종결하다, 조정하다
سَوَّى / يُسَوِّي	조정하다, 해결하다
أَبْقَى خِيَارَاتِهِ مَفْتُوحَةً	선택권을 열어두다
أَسْقَطَ خِيَارًا	선택 가능성을 없애다
شَكَّلَ / يُشَكِّلُ	구성하다, 조직하다
أَقَامَ	수립하다, 개최하다
أَسَّسَ / يُؤَسِّسُ	세우다, 수립하다, 창설하다
ثَبَّتَ	강화하다, 공고히 하다, 증명하다
رَسَّخَ	굳게하다, 공고히하다
عَزَّزَ	강화하다, 지지하다
دَعَمَ / يَدْعَمُ	지원하다
سَانَدَ	돕다, 지원하다
أَيَّدَ / يُؤَيِّدُ	지지하다, 지원하다
شَجَّعَ ه عَلَى	고무시키다, 격려하다, 장려하다, 응원하다
مَالَ / يَمِيلُ إِلَى	~로 기울다, 치우치다, 편향되다
دَعَا / يَدْعُو ه إِلَى	초대하다, 초청하다, 촉구하다
طَوَّرَ	~을 발전시키다, 발달시키다, 개발하다
تَطَوَّرَ	발전하다, 발달하다, 개발되다
نَمَّى	발전시키다, 자라게 하다, 키우다
تَنَمَّى	발전하다, 자라다
وَسَّعَ	확장하다, 넓히다

تَوَسَّعَ	확장되다, 넓어지다
حَوَّلَ / غَيَّرَ	변화시키다, 개조하다
تَحَوَّلَ / تَغَيَّرَ	변화되다, 달라지다, 전환되다
حَسَّنَ	개선하다, 개량하다
تَحَسَّنَ	개선되다, 개량되다
أَدَارَ / يُدِيرُ (إِدَارَةٌ)	운영하다, 관리하다
اتَّخَذَ	취하다, 채택하다
اعْتَنَقَ	포옹하다, 껴안다; 개종하다
وَجَّهَ ه إِلَى	~로 향하게 하다
أَشْرَفَ عَلَى	감독하다, 감시하다
رَاقَبَ	감독하다, 감시하다
مَحَّصَ	정화하다, 검사하다, 검토하다, 연구하다
دَقَّقَ	검사하다, 검토하다
أَصْبَحَ أَمْرًا وَاقِعًا	현실이 되다
طَرَأَ عَلَى	일어나다, 생기다, 닥치다
جَرَى / يَجْرِي	일어나다, 진행되다
حَدَثَ / يَحْدُثُ	일어나다, 발생하다
وَقَعَ / يَقَعُ	일어나다, 발생하다
بَدَا / يَبْدُو	보이다, 생각되다, ~인 듯하다
ظَهَرَ / يَظْهَرُ	나타나다, 보이다
عَادَ إِلَى الظُّهُورِ	다시 나타나다
حَقَّقَ	실행하다, 실현하다
نَفَّذَ	수행하다, 집행하다
ارْتَكَبَ	(죄, 과오)를 저지르다
مَارَسَ	실시하다, 실행하다

مَزِيدٌ مِن	더 많은
بِرِئَاسَةِ	~의 지휘 아래, 영도 하에
بِقِيَادَةِ	~의 지휘 아래, 영도 하에
بِزَعَامَةِ	~의 지휘 아래, 영도 하에
سِيَادَةٌ	주권, 통치권
اتَّخَذَ خُطُوَاتٍ	조치를 취하다
دَفْعَةٌ قَوِيَّةٌ فِي	강력한 조치
الاتِّجَاهُ الصَحِيحُ	올바른 방향
طَفْرَةٌ نَوْعِيَّةٌ	질적인 도약
نُقْطَةُ تَحَوُّلٍ	전환점
كَانَ مَضْرِبَ المَثَلِ	전형적인, 좋은 예가 되는
فَرَضَ عُقُوبَاتٍ	제재를 가하다
رَفَعَ عُقُوبَاتٍ	제재를 해제하다, 끝내다
طَلَبَ اللُّجُوءَ السياسي	정치적 망명을 요청하다
حِرْمَانٌ مِن	박탈, 제외
رَبَطَ / يَرْبِطُ بَيْنَ	묶다, 잇다, 연결하다
ارْتَبَطَ بِـ	~와 관련되다, 연결되다
تَعَلَّقَ بِـ	관련되다, 매달리다
تَرَاوَحَ بَيْنَ	오르내리다
ضَغَطَ عَلَى	누르다, 압박하다
خَفَّفَ مِن	완화하다, 경감하다
تَضَاءَلَ	차츰 약해지다, 점점 작아지다
خَطِفَ / يَخْطَفُ الأَضْوَاءَ	눈부시게 하다, 주목시키다
عَانَى مِن	겪다
أُصِيبَ / يُصَابُ بِـ	감염되다
انْتِخَابٌ ج ـــات	선거

2. 선거

انْتِخَابَاتٌ فَرْعِيَّةٌ، انْتِخَابَاتٌ جُزْئِيَّةٌ	중간선거
انْتِخَابَاتٌ عَامَّةٌ	총 선거
انْتِخَابَاتٌ رِئَاسِيَّةٌ	대통령 선거
انْتِخَابَاتٌ مُبَكِّرَةٌ	조기선거
اسْتِطْلَاعُ رَأْيٍ	여론조사
اقْتِرَاعٌ ج ـــات	투표, 표결, 선거
اقْتِرَاعُ ثِقَةٍ	신임투표
حَمْلَةٌ ج حَمَلَاتٌ	캠페인, 운동
مُرَشَّحٌ	후보, 입후보자
مُرَشَّحٌ مُسْتَقِلٌّ	단독후보, 무소속 후보
شَخْصِيَّةٌ	인격, 성격
صُورَةٌ ج صُوَرٌ	사진, 이미지
شُهْرَةٌ	평판, 세평, 명성
اشْتِهَارٌ	평판, 유명
شَعْبِيَّةٌ	인기, 지지율
تَرَاجَعَ فِي الشَعْبِيَّةِ	지지율이 떨어지다
أَحْزَابٌ مُتَصَارِعَةٌ	경쟁당
وَلَاءٌ لِـ	친선, 우의, 충성
غَيْرُ النَاخِبِينَ	비유권자
مُسَجَّلُونَ فِي قَوَائِمِ الاِقْتِرَاعِ	투표 명부에 등록된 유권자
النَاخِبُونَ	유권자
مَقْعَدٌ ج مَقَاعِدُ	의자, 의석
صَوْتٌ ج أَصْوَاتٌ	표, 목소리
تَزْوِيرُ الاِنْتِخَابَاتِ	선거 조작
انْتِخَابَاتٌ حُرَّةٌ وَنَظِيفَةٌ	자유롭고 깨끗한 선거

الحِزْبُ الأَكْثَرُ اتِّسَاعًا	다수당
الحِزْبُ الأَسْرَعُ نُمُوًّا	급성장하는 당
دِعَايَةٌ	선전, 선전활동
أَجْرَى انْتِخَابَاتٍ	선거를 실시하다
أَجَّلَ انْتِخَابَاتٍ	선거를 연기하다
أَلْغَى انْتِخَابَاتٍ	선거를 취소하다
أَحْجَمَ عَنْ	~을 삼가하다, 그만두다, 끊다
فَازَ بـ...	이기다, 승리하다
أَحْرَزَ انْتِصَارًا سَاحِقًا	압도적으로 승리하다
أَحْرَزَ أَغْلَبِيَّةً سَاحِقَةً	압도적 다수 표를 얻다
أَخَذَ أَعِنَّةَ الحُكُومَةِ	정권을 잡다
وَصَلَ إِلَى السُّلْطَةِ	정권을 잡다
رَشَّحَ	(후보자로) 지명하다, 추천하다
نَصَّبَ	임명하다
المُؤَسَّسَةُ العَسْكَرِيَّةُ	군부대, 부대

3. 군사

العَسْكَرِيُّونَ	군인, 군대
جَيْشٌ ج جُيُوشٌ	군대
القُوَّاتُ المُسَلَّحَةُ	무장 병력, 무장 군
القُوَّاتُ	군대, 부대
رُكْنٌ ج أَرْكَانٌ	군 참모
جُنْدِيٌّ ج جُنُودٌ	병사, 군인
مَدَنِيٌّ	민간인, 시민
المُشَاةُ	보병
بَحَّارٌ ج ـــــونَ / بَحَّارَةٌ	승조원, 선원
جُنْدِيٌّ مُشَاةِ البَحْرِيَّةِ	해병
طَيَّارٌ	비행사
مِظَلِّيٌّ	낙하산병
قَانِصٌ ج قُنَّاصٌ	저격수
بَطَلٌ ج أَبْطَالٌ	영웅
حَلِيفٌ ج حُلَفَاءُ	동맹자, 동맹국
لِوَاءٌ ج أَلْوِيَةٌ	여단장; 깃발, 군기; 소장
رَئِيسُ الأَرْكَانِ	참모총장
رُتْبَةٌ ج رُتَبٌ	계급
قُوَّةٌ جَوِّيَّةٌ	공군
قُوَّاتٌ بَرِّيَّةٌ	육군
قُوَّاتٌ احْتِيَاطِيَّةٌ	예비부대, 예비병력
قُوَّةٌ خَاصَّةٌ	특수 부대, 특공대
قُوَّةٌ خَفِيفَةٌ	기동 부대
قُوَّاتُ حِفْظِ السَّلَامِ	평화 유지군

قُوَّاتُ التَّحَالُفِ	연합군
قُوَّةٌ دِفَاعِيَّةٌ	방위군, 방위력
قُوَّةٌ هُجُومِيَّةٌ ضَارِبَةٌ	타격 부대
قُوَّةُ رَدْعٍ	(전쟁) 억지력
فَصِيلَةٌ ج فَصَائِلُ	소대
فَصِيلَةُ الإِعْدَامِ	총살 집행 부대
دَوْرِيَّةٌ	순찰대
وَحْدَةٌ	부대
سِرْبٌ ج أَسْرَابٌ	비행 중대
كَتِيبَةٌ ج كَتَائِبُ	대대, 연대
سِلاَحٌ ج أَسْلِحَةٌ	무기
أَسْلِحَةٌ خَفِيفَةٌ / صَغِيرَةٌ	소형 경무기(소형 화기), 휴대 무기
ذَخِيرَةٌ	탄약
مِظَلَّةٌ	낙하산
تَرْسَانَةٌ	무기고, 병기고
أَسْلِحَةٌ نَوَوِيَّةٌ	핵무기
أَسْلِحَةٌ ذَكِيَّةٌ	정밀 조준 무기
أَسْلِحَةُ الدَّمَارِ الشَّامِلِ	대량 살상 무기
صَارُوخٌ ج صَوَارِيخُ	미사일, 로켓
صَارُوخٌ مُضَادٌّ لِلطَّائِرَاتِ	요격 미사일
صَارُوخٌ تَمْوِيهِيٌّ	모의 유도탄, 모조탄두 미사일 (교란용 미사일)
صَارُوخٌ طَوَّافٌ	순항 미사일(크루즈 미사일)
صَارُوخٌ سَطْح – جَوٌّ	지대공 미사일
صَارُوخٌ بَعِيدُ / قَصِيرُ المَدَى	장거리/ 단거리 미사일

قَذِيفَةٌ عَابِرَةٌ لِلقَارَّاتِ	대륙간 탄도탄
قَاذِفَةُ الصَّوَارِيخِ	미사일 발사대(발사 장치)
نَسِيفَةٌ ج نَسَائِفُ	어뢰(torpedo)
قُنْبُلَةٌ ج قَنَابِلُ	폭탄
أَدَاةُ تَفْجِيرٍ	폭파 장치
مُتَفَجِّرَاتٌ	폭발물
قُنْبُلَةٌ يَدَوِيَّةٌ	수류탄
قُنْبُلَةٌ نَوَوِيَّةٌ	핵폭탄
قُنْبُلَةٌ ذَرِّيَّةٌ	원자탄
قُنْبُلَةٌ عُنْقُودِيَّةٌ	산탄형 폭탄(집속 폭탄)
قُنْبُلَةٌ حَارِقَةٌ	소이탄
قَذِيفَةُ هَاوُنٍ ج قَذَائِفُ هَاوُنٍ	박격포
لَغَمٌ / لُغْمٌ ج أَلْغَامٌ	지뢰
رَصَاصَةٌ ج ـــات	탄알, 총알
مِدْفَعٌ ج مَدَافِعُ	포, 대포
مُسَدَّسٌ ج ـــات	권총
مِدْفَعُ رَشَّاشٍ	기관총
رَشَّاشٌ قَصِيرٌ	기관 단총
بُنْدُقِيَّةٌ آلِيَّةٌ	자동 소총
سِلاَحٌ قَذَّافِيٌّ	탄도 무기
قِطْعَةٌ مِدْفَعِيَّةٌ	포병 부대
قَصْفٌ مِدْفَعِيٌّ	포격, 포사격
قَصْفٌ صَارُوخِيٌّ	미사일 폭격
شَظَايَا	(복수)파편
إِشْعَاعٌ	방사, 방사선

انْفِجَارٌ / تَفْجِيرٌ / تَفَجُّرٌ	폭발
عَصْفٌ	폭파, 폭발
قَصْفٌ	폭격
قَصْفٌ دَقِيقٌ / ذَكِيٌّ	정밀 폭격
ضَرْبَةٌ وِقَائِيَّةٌ	선제 공격
اسْتِخْدَامُ الْقُوَّةِ	무력 사용
غِطَاءٌ جَوِّيٌّ	공중 엄호
مِنْطَقَةُ حَظْرٍ جَوِّيٍّ	비행 금지 구역
نَاقِلَةُ جُنُودٍ مُدَرَّعَةٌ	병력 수송 장갑차
دَبَّابَةٌ	탱크, 장갑차
جَرَّافَةٌ	불도저(bulldozer)
طَائِرَةٌ عَمُودِيَّةٌ	헬리콥터
طَائِرَةٌ مِرْوَحِيَّةٌ	헬리콥터
هَلِيكُوبْتَرٌ	헬리콥터
غَوَّاصَةٌ مُضَادَّةٌ لِلطَّائِرَاتِ	대공 잠수함
حَامِلَةُ طَائِرَاتٍ	항공모함
طَائِرَةٌ مُقَاتِلَةٌ	전투기
مُدَمِّرَةٌ	구축함
سَفِينَةٌ حَرْبِيَّةٌ ج سُفُنٌ حَرْبِيَّةٌ	전함, 군함
بَارِجَةٌ ج بَوَارِجُ	군함, 전투함; 바지(barge)선, 부선
زَوْرَقٌ حَرْبِيٌّ ج زَوَارِقُ حَرْبِيَّةٌ	포함 (gunboat)
نَسَّافَةٌ	어뢰정
أُسْطُولٌ ج أَسَاطِيلُ	함대
قَاعِدَةٌ عَسْكَرِيَّةٌ ج قَوَاعِدُ عَسْكَرِيَّةٌ	군사 기지
مَقَرٌّ ج ـــاتٌ، مَقَارٌّ	(군사) 사령부

مَوْقِعٌ اسْتِرَاتِيجِيٌّ ج مَوَاقِعُ اسْتِرَاتِيجِيَّةٌ 전략 기지(진지)

مِنْطَقَةُ القِتَالِ ج مَنَاطِقُ القِتَالِ 전투(작전) 지역

مِنْطَقَةٌ خَالِيَةٌ مِنَ الأَسْلِحَةِ النَّوَوِيَّةِ 비핵지대

انْتِشَارُ الأَسْلِحَةِ النَّوَوِيَّةِ 핵확산

جِهَازُ طَرْدٍ مَرْكَزِيٌّ 원심 분리기

تَخْصِيبُ اليُورَانِيُوم 우라늄 농축

حَرْبٌ ج حُرُوبٌ 전쟁(여성)

حَرْبٌ أَهْلِيَّةٌ 내전

حَرْبُ عِصَابَاتٍ 유격전

فِي حَالَةِ الحَرْبِ 교전 중인

مَسْرَحُ الحَرْبِ 전쟁 지역

مَيْدَانُ العَمَلِيَّاتِ 작전지

مُنَاوَرَةٌ 기동훈련

اسْتِطْلاَعٌ 정찰, 정찰대

اسْتِعْرَاضٌ (군사)사열, 열병식

مَعْرَكَةٌ ج مَعَارِكُ 전투

خَطَرٌ ج أَخْطَارٌ / مَخَاطِرُ 위험

أَمْنٌ 안전, 안보

وَقْفُ إِطْلاَقِ النَّارِ 정전, 휴전

تَجْرِيدٌ مِنَ السِّلاَحِ 무장해제

أَعْمَالُ العُنْفِ 폭행

أَعْمَالُ التَّخْرِيبِ 파괴 행위(사보타주, 방해공작)

عَمَلِيَّةٌ انْتِحَارِيَّةٌ 자폭 (자살폭탄 공격)

سَيَّارَةٌ مُفَخَّخَةٌ 차량 폭탄(위장 폭탄, booby-trap)

مَجْزَرَةٌ ج مَجَازِرُ 대학살

إِبَادَةٌ جَمَاعِيَّةٌ	대량(집단) 학살
مَصْرَعٌ ج مَصَارِعُ	죽음; 전장, 전쟁터
مَقْتَلٌ	살인, 살해
قَطْعُ الرَأْسِ	참수
تَدَخُّلٌ عَسْكَرِيٌّ	군사적 개입
إِصَابَةٌ ج إِصاباتٌ	부상, 상처
جُرْحٌ ج جُرُوحٌ / جِراحٌ	부상, 상처
جِنازة ج جِنَازَاتٌ، جَنائِزُ	장례식
ضَحِيَّةٌ ج ضَحَايَا	희생자
جَرِيحٌ ج جَرْحَى	부상당한, 부상자
قَتِيلٌ ج قَتْلَى	사망한, 사망자
أَسيرٌ ج أَسْرَى	포로
مُحْتَجَزٌ ج مُحْتَجَزُونَ	수감자, 억류자
مُنْفِذُ عَمَلِيَّةٍ انْتِحَارِيَّةٍ	자살 폭탄 테러범
مُباغَتَةٌ	급습, 습격
هُجوم بَرّيّ	지상 공격
هُجُومٌ بَرْمائِيٌّ	수륙양면 공격
هُجُومٌ إِرْهَابِيٌّ	테러 공격
هُجُومٌ مُسَلَّحٌ عَلَى	~에 대한 무장 공격
هُجُومٌ مُضَادٌّ	반격
كَمِينٌ	매복
تَكْتِيكَاتٌ	전술
اعْتِدَاءَاتٌ عَلَى	~을 침범, 공격
رَدٌّ انْتِقامِيٌّ عَلَى	~에 대한 보복
عَلَى مَتْنِ	(배, 항공 등) ~의 편으로

فِي وَضْعِ اسْتِعْدَادٍ لِـ...	~을 할 준비 태세에
مُنْتَشِرٌ	퍼진, 널리 알려진
عُدْوَانِيٌّ، عَدَائِيٌّ	적대적인
انْعِكَاسَاتٌ، عَواقِبُ	영향, 반향, 결과
حَشَدَ / يَحْشُدُ	모으다, 집결시키다
عَبَّأَ	동원하다, 소집하다
قَامَ بِتَعْبِئَةٍ	동원하다, 소집하다
حَشَّدَ	(군대, 대중을)많이 모으다, 집결시키다
جَنَّدَ	(군대를)동원하다, 징집하다
اسْتَدْعَى	부르다, 소환하다
عَزَّزَ القُوَّاتِ	병력을 증강하다
نَشَرَ / يَنْشُرُ	배치하다
تَفَقَّدَ	검열하다, 시찰하다
فَجَّرَ	폭파하다
تَفَجَّرَ	폭파되다
دَمَّرَ	파괴하다
هَدَمَ / يَهْدِمُ	파괴하다
أَبَادَ	전멸시키다, 소탕하다
أَفْنَى	소탕하다, 소멸시키다
تَبَادَلَ إِطْلَاقَ النَارِ	총격전을 벌이다
أَوْدَى بِحَيَاةٍ	생명을 빼앗다
أُسْتُشْهِدَ	순교하다
أُصِيبَ بِجُروحٍ خَطِيرَةٍ / طَفِيفَةٍ	심각한/경미한 부상을 입다
هَجَمَ / يَهْجُمُ عَلَى	~을 공격하다
غَزَا / يَغْزُو	공격하다

شَنَّ / يَشُنُّ	공격하다
أَطْلَقَ	(미사일, 어뢰 등을) 발사하다
اقْتَحَمَ	돌진하다, 진입하다
تَسَلَّلَ إِلَى	침투하다, 침입하다
تَوَغَّلَ فِي	-에 깊이 들어가다, 침투하다, 침입하다
حَاصَرَ	포위하다
فَتَحَ / يَفْتَحُ النَارَ	발포하다
أَطْلَقَ النَارَ	발포하다
دَافَعَ عَنْ	~를 방어하다
حَمَى / يَحْمِي ه مِنْ	~을 지키다, 보호하다
انْسَحَبَ	철수하다
جَلاَ / يَجْلُو عَنْ	~에서 물러가다, 퇴거하다
أَجْلَى	~로부터 불러가다, 철수하다
اسْتَسْلَمَ	항복하다
احْتَجَزَ	감금, 수용하다
أَفْرَجَ عَنْ	석방하다
أَطْلَقَ	풀어주다, 놓아주다
أَطْلَقَ سَرَاحَهُ	석방하다
أَخْلَى سَبِيلَهُ	석방하다, 풀어주다
اسْتَأْنَفَ القِتَالَ	전투를 재개하다
قَاوَمَ	저항하다
خَطَّطَ	계획하다
تَآمَرَ	음모를 꾸미다, 협의하다
اسْتَهْدَفَ تَحْدِيدًا	특정 목표를 세우다
نَصَبَ / يَنْصُبُ حَواجِزَ عَلَى الطُرُقِ	장벽을 세우다

فَرَضَ / يَفْرِضُ حصارًا عَلَى 포위, 봉쇄하다

انْدَلَعَ 발발하다, 일어나다

أَحَلَّ مَحَلَّهُ 대신하다

اخْتَرَقَ الحُدُودَ 경계(국경)를 넘어가다

قَدَّرَ حَجْمَ القُوَّاتِ بِـ... 군사력을 측정하다

اسْتَخْلَصَ المَعْلُومَاتِ 정보를 알아내다

4. 경제

صُنْدُوقُ النَّقْدِ الدُوَلِيُّ 국제통화기구 (IMF : International Menetary Fund)

البَنْكُ الدُوَلِيُّ 세계은행

البَنْكُ المَرْكَزِيُّ الأُورُبِيُّ 유럽 중앙 은행

الاِحْتِيَاطِيُّ الاِتِّحَادِيُّ (미국) 연방준비제도위원회

السُوقُ المُشْتَرَكَةُ 공동시장

سُوقُ سَوْدَاءِ 암시장

سُوقٌ حُرَّةٌ 자유 시장, 면세점

سُوقُ النَقْدِ 외환 시장

البُورُصَةُ 거래소

أَسْوَاقُ الصَرْفِ 외환 시장

أَسْوَاقُ العُمْلَاتِ الأَجْنَبِيَّةِ 외환 시장

اِحْتِيَاطَاتُ النَقْدِ الأَجْنَبِيِّ 외화보유고

قِطَاعٌ عَامٌّ 공공 분야

قِطَاعٌ خَاصٌّ 민간 분야

تَكامُلٌ اقْتِصَادِيٌّ	경제 통합
حَجْمُ التِجَارَةِ	무역량, 무역 규모
تَبَادُلٌ تِجَارِيٌّ	무역 거래
حَظْرٌ تِجارِيٌّ	무역 금지
عُقُوباتٌ اقْتِصَادِيّةٌ	경제적 제재
إِغْلاقُ التَداوُلِ	폐장
عُمْلَةٌ صَعْبَةٌ	경화 (달러 같이 국제적으로 널리 통용되는 통화)
عُمْلَةٌ سَهْلَةٌ	연화 (경화가 아닌 통화)
رَأْسُ مالٍ ج رُؤُوسُ أَمْوالٍ رَأْسُمالٌ ج رَسامِيلُ	자본
دَخْلٌ	소득
قُوَّاتُ السُّوقِ	자유 시장 방식, 시장의 힘
احْتِكارٌ ج ـــات	독점, 전매
قُوَّةُ الشِّراءِ	구매력
تَنافُسٌ	경쟁
قُدْرَةٌ تَنافُسِيَّةٌ	경쟁력
سِعْرُ الصَّرْفِ	환율
سِعْرُ الفائِدَةِ	금리, 이율
فائِدَةٌ مُيَسَّرَةٌ	금리 특혜
سِعْرُ البَيْعِ	판매가격
سِعْرُ اليُورو مُقابِلَ الدُّولار	달러 대비 유로가
سَهْمٌ ج أَسْهُمٌ	주식
سَنَدٌ ج ـــات	유가 증권, 채권
مُشْتَقَّاتٌ	파생 상품
ضَرِيبَةٌ ج ضَرائِبُ	세금

ضَرِيبَةُ الدَّخْلِ	소득세
ضَرِيبَةُ الاِسْتِهْلاكِ	소비세
ضَرِيبَةُ القِيمَةِ المُضافَةِ	부가 가치세(VAT)
ضَرِيبَةُ الأَرْباحِ الرَّأْسِمالِيَّةِ	양도 소득세
ضَرِيبَةُ التَّرِكاتِ	상속세
بالمِائَةِ	퍼센트 (%)
اسْتِثْمَارٌ ج ـــات	투자
وَدِيعَةٌ ج وَدائِعُ	예금, 저금
أَصْلٌ ج أُصُولٌ	자산
عائِدَةٌ	배당금
إِيرَادَاتٌ	(복수)수익성, 소득, 이윤
حَصِيلَةٌ ج حَصَائِلُ	수입, 수입금, 총계
مَبْلَغٌ ج مَبَالِغُ	총액, 금액
رِبْحٌ ج أَرْبَاحٌ	이익, 수익, 이윤
مُرْبِحٌ	이윤, 소득, 수익성 있는
مُفْلِسٌ ج مَفَالِيسُ	파산자, 파산한
تَكَالِيفُ	경비, 비용, 지출
نَفَقَاتٌ	비용, 지출
إِجْمَالِيٌّ	총괄적인, 합계
صَافِي الدَّخْلِ	순 이익
بَعْدَ اسْتِبْعَادِ أَثَرِ التَّضَخُّمِ	인플레이션의 영향을 배제한 후
مُسَانَدَةُ الأَسْعَارِ مِنْ طَرَفِ الدَوْلَةِ	국가로부터 물가안정 지원
اسْتِقْرَارُ الأَسْعَارِ	물가 안정
القَرْيَةُ الكَوْنِيَّةُ	지구촌
عَوْلَمَةٌ	세계화

복지 국가	دَوْلَةُ الرَّفاهِ
돈 세탁, 자금 세탁	غَسِيلُ الأَمْوَالِ
불황, 불경기	رُكُودٌ
급감, 폭락, 쇠약	تَدَهْوُرٌ
인플레이션	تَضَخُّمٌ
인플레이션율	مُعَدَّلُ التَّضَخُّمِ
평가 절하	تَخْفِيضُ القِيمَةِ
예측, 추계	تَكَهُّنٌ ج تَكَهُّنَاتٌ
투기	مُضَارَبَةٌ
불안정	عَدَمُ الاسْتِقْرَارِ
변동, 파동	تَذَبْذُبٌ
파산	إِفْلاسٌ
생활 수준	مُسْتَوَى المَعِيشَةِ
빚, 부채	دَيْنٌ ج دُيُونٌ
미불 채무	دَيْنٌ مُسْتَحَقٌّ
부채, 채무	مَدْيُونِيَّةٌ
대출	قَرْضٌ ج قُرُوضٌ
유예 기간	فَتْرَةُ سَمَاحٍ
재정 적자	عَجْزٌ فِي مِيزَانِيَّةِ الدَوْلَةِ
무역 적자	عَجْزٌ تِجَارِيٌّ
적자 총액	قِيمَةُ العَجْزِ
흑자	فَائِضٌ ج فَوَائِضُ
유동성	سُيولَةٌ
규모의 경제	اِقْتِصَادُ الحَجْمِ
회계 연도	العَامُ المَالِيُّ، السَّنَةُ المَالِيَّةُ

رَقْمٌ قِيَاسِيٌّ	기록적인 수치
إِحْصَائِيَّاتٌ	통계
مُؤَشِّرٌ ج مُؤَشِّرَاتٌ	지표
سِلْعَةٌ ج سِلَعٌ	상품
سِلَعٌ اسْتِهْلاكِيَّةٌ	소비재
مُعَدَّلُ الاسْتِهْلاكِ	소비율
وَزِيرُ المَالِيَّةِ	재정부 장관
مُمَوِّلٌ	납세자; 자본가
اِقْتِصَادِيٌّ	경제학자
مُعَامِلٌ	거래자
سِمْسَارٌ ج سَمَاسِرَةٌ	중개인
مُضَارِبٌ	투기자
مُسَاهِمٌ	주주
مُسْتَثْمِرٌ	투자자
مُسْتَهْلِكٌ	소비자
شَرِيكٌ تِجَارِيٌّ ج شُرَكَاءُ تِجَارِيُّونَ	교역 상대, 교역 파트너
نَفَّذَ عُقُوبَاتٍ اقْتِصَادِيَّةً	경제 제재를 가하다
مَوَّلَ	자금을 조달하다, 재정을 지원하다
أَنْفَقَ	소비하다
أَضَاعَ	낭비하다, 탕진하다
كَلَّفَ	비용을 들게 하다
كَثَّفَ	집약화하다, 강화하다
أَمَّنَ	보장, 담보, 보증 하다
ازْدَهَرَ	번영, 번창, 번성하다
رَفَعَ الضَّرَائِبَ	세금을 올리다

خَفَّضَ الضَّرَائِبَ	세금을 내리다
خَفَّفَ العَجْزَ فِي المِيزَانِيَّةِ	재정 적자를 줄이다
دَخَلَ حَيِّزَ التَّنْفِيذِ	효력이 발효되다
نَشَّطَ الاقْتِصَادَ	경제를 활성화하다
سَدَّ دَيْنًا	부채를 상환하다
اسْتَحَقَّ	(채무가)만기가 되다, 만기일이 되다
أَفْلَسَ	파산하다

5. 무역, 산업

أوبك (مُنَظَّمَةُ الدُّوَلِ المُصَدِّرَةِ للنَّفْطِ)	OPEC(석유수출국기구) Organization of the Petroleum Exporting Countries
الدُّوَلُ المُنْتِجَةُ للنَّفْطِ غَيْرُ الأعْضَاءِ فِي أوبَك	비 OPEC 산유국
مُنَظَّمَةُ التِّجَارَةِ العَالَمِيَّةِ	WTO(세계 무역 기구) World Trade Organization
مَجْمُوعَةُ الثَّمَانِي	주요 8개국, G8 (Group of 8) (프랑스, 영국, 미국, 독일, 이탈리아, 일본, 러시아, 캐나다)
تِجَارَةٌ	무역, 교역 ,상업
صِنَاعَةٌ	공업, 산업
صَادِرَاتٌ	수출, 수출품
وَارِدَاتٌ	수입, 수입품
مَجْمُوعَةٌ	복합 기업, 그룹
مُسَاهَمَةٌ	기여; 참가, 가담
شِرَاكَةٌ	공동, 협력, 제휴, 파트너십

انْدِمَاجٌ ج ـــات	합병
هَيْكَلٌ ج هَيَاكِلُ	구조
مَصْنَعٌ ج مَصَانِعُ	공장
مِصْفَاةٌ ج مَصَافٍ	여과기, 정제기; 정제소
بِئْرٌ نَفْطِيَّةٌ ج آبارٌ نَفْطِيَّةٌ	석유정, 원유 갱
نَفْطٌ خَامٌ	원유
عَرْضٌ نَفْطِيٌّ	석유 공급
إِنْتَاجُ النَّفْطِ	석유 생산
بَرْمِيلٌ ج بَرَامِيلُ	배럴
وَقُودٌ	연료
مَوَادٌّ خَامٌ خَامٌ ج خَامَاتٌ	원자재, 원료
مَوَادٌّ غِذَائِيَّةٌ	식량
مَوَارِدُ طَبِيعِيَّةٌ	천연자원
مَعْدَنٌ ج مَعَادِنُ	광물
مَنْجَمٌ ج مَنَاجِمُ	탄광, 광산
اليَدُ العَامِلَةُ	작업요원, 노동인구
القُوَى العَامِلَةُ	작업요원, 노동인구
مُوَظَّفٌ	사무원, 직원
عَامِلٌ ج عُمَّالٌ	노동자, 근로자
عَاطِلٌ	실업자, 실직자
مُدِيرٌ ج مُدَرَاءُ	관리자, 책임자
مُدِيرٌ عَامٌّ	총 책임자
رَجُلُ أَعْمَالٍ ج رِجَالُ أَعْمَالٍ	사업가
وَظِيفَةٌ ج وَظَائِفُ	직무, 직책

زِيَادَةُ الأُجُورِ	임금상승
بَطَالَةٌ	실업, 무직업
إِضْرَابٌ	파업
نِقَابَةٌ	직업동맹, 노조
اتِّحَادٌ نِقَابِيٌّ	노동조합 총연합회
بُنْيَةٌ تَحْتِيَّةٌ	인프라, 사회기반시설
سِعْرُ التَشْغِيلِ	영업비, 운영비
دَعْمٌ حُكُومِيٌّ	정부 보조금
تَعَاقُدٌ ج ـــات	협약, 협정, 합의
صَفْقَةٌ	계약, 거래
خَسَارَةٌ ج خَسَائِرُ	손해, 손실
ضَرَرٌ ج أَضْرَارٌ	피해, 손실
تَأْمِينٌ ج ـــات	보증, 보장, 보험
قَيْدٌ ج قُيُودٌ	제한, 제약
مُرُونَةٌ	탄력, 융통성
مَحَطَّةُ تَوْلِيدِ الكَهْرَبَاءِ	발전소
طَاقَةٌ	에너지
تَلَوُّثٌ	오염
أَمْطَارٌ سَوْدَاءُ	검은 비
حِمَايَةُ البِيئَةِ	환경보호
حَمْلَةُ التَسْوِيقِ	마케팅
مَوْقِعُ شَبَكَةِ الإنترنت ج مَوَاقِعُ شَبَكَةِ الإنترنت	웹 사이트
تكنولوجيا الْمَعْلُومَاتِ وَالْاِتِّصَالَاتِ	ICT, 정보통신기술
صَدَّرَ	수출하다

اسْتَوْرَدَ	수입하다
وَزَّعَ	분배하다, 할당하다, 배포하다
زَوَّدَ	공급하다
اسْتَقَال	사퇴하다
وَظَّفَ	직무를 주다, 임명하다
شَغَّلَ	고용하다
أَقَال	해고, 면직시키다
أَدَارَ / يُدِيرُ	관리, 운영하다
زَادَ / يَزِيدُ	늘어나다, 증가되다
ازْدَادَ	늘어나다, 성장하다
زَادَ / يَزِيدُ عَنْ	초과하다, 능가하다
عَوَّضَ عَنْ	보상, 변상해주다
خَصْخَصَ	민영화하다
رَفَعَ الْقُيُودَ الحُكُومِيَّةَ	(경제, 가격 따위의) 공적 규제를 풀다
رَعَى/ يَرْعَى (رَعْيٌ)	지켜보다, 관찰하다, 보살피다
تَعَامَلَ مَعَ	~와 거래, 교역하다

6. 법률

قَانُونٌ ج قَوَانِينُ	법
بَنْدٌ ج بُنُودٌ	조항
مَحْكَمَةٌ ج مَحَاكِمُ	법원, 재판소
مَحْكَمَةُ العَدْلِ الدَّوْلِيَّةُ	국제재판소
مَحْكَمَةٌ عُلْيَا	고등법원, 상급법원
الحَرَسُ الوَطَنِيُّ	국가요인 경호대
قُوَّاتُ الأَمْنِ	안보군
الشُّرْطَةُ العَسْكَرِيَّةُ	군경
المُخَابَرَاتُ	정보원
سُلْطَةٌ قَضَائِيَّةٌ	사법부
سُلْطَةٌ تَشْرِيعِيَّةٌ	입법부
إِجْرَاءَاتٌ أَمْنِيَّةٌ	보안절차
تُهْمَةٌ ج تُهَامٌ	혐의
بِتُهْمَةِ...	~죄명으로, 죄목으로
مَحْكُومٌ عَلَيْهِ بِـ	~을 선고 받은, 판결 받은
مُدَانٌ بِـ	~로 유죄 선고 받은, 유죄 판결 받은
اسْتِجَابَةً لِـ	~에 대응하여
مُحْتَجٌّ	항의자, 반박자
مُتَظَاهِرٌ	시위자
مُهَرِّبٌ	밀수업자, 밀반입자
سَجِينٌ سِيَاسِيٌّ ج سُجَنَاءُ سِيَاسِيُّونَ	정치범
مُجْرِمٌ	범죄자
مُشْتَبَهٌ بِهِ ج مُشْتَبَهٌ بِهِمْ	용의자
مُسَلَّحٌ	무장한
عِصَابَةٌ	도당, 악당

شَبَكَةٌ	조직
جَرِيمَةٌ ج جَرَائِمُ	범죄, 위법행위
جِنَايَةٌ	범죄, 위법행위
انْتِهَاكٌ ج ـــات	유린, 위반
قَسْوَةٌ	가혹한 것, 잔인한 것
جَرِيمَةُ القَتْلِ	살인죄
مَقْتَلُ بِالرَّصَاصِ	총살
سَرِقَةٌ	도적질, 약탈
مُحَاوَلَةٌ انْقِلَابِيَّةٌ	쿠테타 기도
احْتِجَاجٌ ج ـــات	항의, 반박
تَهْدِيدٌ ج ـــات	위협
تَحَدٍّ ج تَحَدِّيَاتٌ	도전, 도전과제
تَظَاهُرٌ، مُظَاهَرَةٌ ج ـــات	데모, 시위
اشْتِبَاكٌ ج ـــات	충돌, 싸움, 교전
مُخَدِّرَاتٌ	마약, 마취제
مَسْرُوقَاتٌ	훔친 물건, 장물
تَحْقِيقٌ جِنَائِيٌّ ج ـــات جِنَائِيَّةٌ	범죄수사
ذُو سَوَابِقَ	전례(선례)가 있는
انْحِرَافٌ	범죄, 과실, 불법행위, 일탈
مَشْرُوعِيَّةٌ	합법성, 준법성
تَرْخِيصٌ ج تَرَاخِيصُ	허가증, 면허증
كَامِلُ الأَهْلِيَّةِ	충분한 자격이 있는
عَدِيمُ الأَهْلِيَّةِ	무능한
جِنَائِيٌّ	범죄의, 형사의
عِقَابِيٌّ	형벌의, 징벌의

جَلْسَةُ المَحْكَمَةِ	법정 개정
رَأْيٌ يُعَدُّ غَيْرَ مُلْزِمٍ	구속력 없는 의견
أدَانَ / يُدِينُ ه بِـ	(유죄를) 판결하다
طَعَنَ / يَطْعَنُ فِي	비난하다, 비방하다
اتَّهَمَ ه بِـ	기소하다, 비난하다
اعْتَرَفَ بِـ	인정하다, 자백하다
وَجَّهَ اتِّهامات ضِدّ	기소하다
حَكَمَ عَلَيهِ بالإعْدَامِ	사형을 선고하다
حَكَمَ عَلَيهِ بالسِجْنِ المؤَبَّدِ	종신형을 선고하다
أَعْدَمَ	처형하다, 사형하다
اعْتَقَلَ	체포하다
قَبَضَ على	체포하다
أَلْقَى القَبْضَ على	체포하다
أَسَاءَ الْمُعامَلَةَ	학대하다
أَبْعَدَ	추방하다, 유배하다
نَفَى / يَنْفِي	추방하다, 유배하다
طَرَدَ / يَطْرُدُ	추방하다, 유배하다
عَاشَ / يَعِيشُ فِي المَنْفَى	망명생활하다
ارْتَكَبَ	(범죄 등)저지르다
وَضَعَ فِي حَالِ تَأَهُب قُصْوَى	비상태세에 들어가다, 적색경보를 내리다
فَرَضَ حَظْرَ التَجَوُّلِ	통금을 실시하다
أَعْلَنَ مَسْؤُولِيَّتَهُ عن	~대한 책임을 알리다
نَظَّمَ	조직하다
دَعَا إلى إضْرَاب	파업을 촉구하다
احْتَجَّ على	항의하다

تَلاَءَمَ مع	~에 따르다, ~에 알맞다
تَوَرَّطَ فِي	연루되다
هَدَّدَ ه بِـ	위협하다, 협박하다

7. 재앙, 원조

أَزْمَة ج أَزَمَات	위기
كَارِثَة ج كَوَارِث	재난, 재해
مَأْسَاة ج مَآسٍ	비극
طَارِئَةٌ ج طَوَارِئُ	비상(사태)
مَعُونَةٌ	원조, 지원
إِغَاثَةٌ	구호, 구제
مُسَاعَدَاتٌ	원조
وِكَالَةُ إِغَاثَةِ الّلاَجِئِينَ لِلأُمَمِ المُتَّحِدَةِ	국제연합 팔레스타인 난민구제 사업국
دَعْمٌ	지지, 옹호
مِنْحَةٌ ج مِنَحٌ	보조금
عَطَاء ج أَعْطِيَةٌ	선물, 기증품
سَخَاءٌ	너그러움
مُسَاعَدَاتٌ غِذَائِيَّةٌ	식량원조
مُسَاعَدَاتٌ فَنِّيَّةٌ	기술적 원조
مُسَاعَدَاتٌ مَالِيَّةٌ	재정지원
إِلْغَاء الدُّيُونِ	채무면제
مُتَطَوِّعٌ	봉사자
عَامِلُ الإِغَاثَةِ ج عُمَّالُ الإِغَاثَةِ	구조대원

هَيْئَةُ المَعُونَةِ	원조기구
مُنَظَّمَةٌ طَوْعِيَّةٌ	봉사단체
مُنَظَّمَةٌ خَيْرِيَّةٌ	자선단체
زِلْزَالٌ ج زَلاَزِلُ	지진
هِزَّةٌ أَرْضِيَّةٌ ج ـــات أرْضِيَّة	지진
بِمِقْيَاس رِيخْتَر	(지진 강도를 나타내는) 리히터 척도로
فَيَضَانٌ ج ـــات	홍수
إِعْصَارٌ ج ـــات	허리케인, 태풍
تسُونَامِي	쓰나미(지진해일)
اِنْهِيَارٌ طِينِيٌّ ج ـــات طِينِيَّةٌ	토사붕괴
حَرِيقٌ ج حَرَائِقُ	화재
مَجَاعَةٌ	기근
جَفَافٌ	가뭄
سُوْءُ التَغْذِيةِ	영양실조
قَافِلَةُ الأَغْذِيةِ	식량수송차량
شَاحِنَة ج ـــات	트럭
خَيْمَة ج ـــات، خِيَام	텐트, 천막
إِعَادَةُ الإِسْكَانِ	재정착
إِعَادَةُ الإِعْمَارِ	재건
حُزْنٌ	슬픔
اكْتِئَابٌ، وُجُومٌ	우울증, 우울함
قَلَقٌ	걱정, 우려
لاَجِئٌ	난민
طَالِبُ اللُجُوءِ ج طَالِبُو اللُجُوءِ	망명신청자
جَائِع ج جِيَاعٌ	굶주린, 배고픈

مُتَشَرِّدٌ	난민, 이재민, 피난민
عَاجِلٌ	긴급한
طَارِئٌ	위급한
تَطْوِيرِيٌّ	개발의, 발달의
إِنْسَانِيٌّ	인도적인, 인간적인
طَوْعِيٌّ	자발적인
تَنَقَّلَ	이동하다, 이주하다
هَاجَرَ	이민을 가다, 이주하다
تَدَفَّقَ	흐르다, 솟구치다
فَرَّ	(i) 달아나다, 도망가다
تَعَرَّضَ لِـ...	~당하다, 겪다
أَتْلَفَ	파괴하다
أَعْلَنَ ه مِنْطَقَةً مُتَضَرِّرَةً / مَنْكُوبَةً	~을 재난지역으로 선포하다
أَعَادَ جَدْوَلَةَ دَيْنٍ	채무상환 기간을 조정하다
أَعْفَى ه مِنْ دَيْنٍ	부채를 면해주다
جَمَّدَ دَيْنًا	부채를 동결하다

8. 형용사

سِياسيٌّ	정치의, 정치적인
ثَقافيٌّ	문화의, 문화적인
دينيٌّ	종교의, 종교적인
اِجْتِماعيٌّ	사회의, 사회적인
زِراعيٌّ	농업의, 농사의, 농경의
فِكْريٌّ	지적인, 사상의, 관념의
اِقْتِصاديٌّ	경제의, 경제적인
ماليٌّ	재정(상)의, 금융(상)의, 재무의
عَسْكَريٌّ	군사의, 군사적인
رَسْميٌّ	공식의, 공식적인
غَيْرُ رَسْميٍّ	비공식의, 비공식적인
مَدَنيٌّ	시민의, 국내의
اِسْتِشاريٌّ	고문의, 자문의
شَعْبيٌّ	대중의, 민중의,
قَوْميٌّ	국가의, 민족의, 민족주의의
أُمَميٌّ	(복수형태) UN의
تِجاريٌّ	상업, 통상, 무역의
صِناعيٌّ	산업의
إِقْليميٌّ	지역의, 지대의
مَحَلّيٌّ	지방의, 국내의
مِهْنيٌّ	직업(상)의
إداريٌّ	관리, 경영, 행정의
عاطفيٌّ	감정적인, 정서적인
أساسيٌّ	기본적인, 기초의
جَذْريٌّ	기초적인, 근본적인

هَيْكَليٌّ	구조적인
سَلْبيٌّ	부정적인, 소극적인
إيجابيٌّ	긍정적인, 적극적인
تَفاؤُليٌّ	낙관적인
تَشاؤُميٌّ	비관적인, 염세주의적인
عَمَليٌّ	실습의, 실용적인
نَظَريٌّ	이론적인, 이론의
شَفَويٌّ	구두의, 말의
خَطّيٌّ	손으로 쓴, 서면의, 필기의
فِعْليٌّ	실제적인, 사실의
حَقيقيٌّ	진실의, 진심의
واقِعيٌّ	현실적인
عارٍ، عاريةٌ تمامًا مِن الصِحّةِ	완전히 진실되지 않은, 거짓의, 맞지 않은
عاديٌّ	평범한, 보통의
مَعْنيٌّ، مرتبِط بـ...	관련된, …에 연관된
جُزْئيٌّ	부분적인
واسِعُ النِطاقِ	광범위한
شامِلٌ	포괄적인, 종합적인
كامِلٌ	전체적인, 완전한
وَطيدٌ	굳은, 단단한, 견고한, 튼튼한
مَضْمونٌ	내용; 보장된
غَيْرُ مَسْبوقٍ	전례 없는
مَعْروفٌ حتّى الآنَ بـِ...	현재까지 …로 알려져있다
شَهيرٌ، مَشْهورٌ	유명한
بارِزٌ	뛰어난, 두드러진, 뚜렷한

مُعَيَّنٌ	정해진, 일정한, 임명된
مُمَيَّزٌ	뛰어난, 구별되는, 우수한
خاصٌّ	특별한
عامٌّ	일반적인, 공공의
مُتَفاوِتٌ	각종, 다양한, 차이나는
مُخْتَلِفٌ	서로 다른, 여러가지의
عادِلٌ	공정한, 정의로운
مُتَوازِنٌ	균형있는
مَسْؤولٌ	책임있는
غَيْرُ مَسْؤولٍ	책임없는
مُسيءٌ إلَى	…에 해를 끼치는
مَهْزولٌ ج مَهازيلَ	여윈, 빼빼 마른
مفتعَل	가짜의, 꾸며낸
مُعَقَّدٌ	복잡한
حَذِرٌ	조심스러운, 주의하는
مَشْروعٌ	합법적인, 적법한
مَلْموسٌ	구체적인
مُهِمٌّ (هامٌّ)	중요한 (걱정스러운, 중요한)
مِحْوَرِيٌّ	중추적인, 요긴한, 중요한
حاسِمٌ	결정적인
حَرِجٌ	중대한, 위태로운
خَطيرٌ	중대한, 위험이 뒤따르는
آليٌّ	기계적인, 유기적인
جادٌّ	진지한, 심각한
بالِغُ الأَهَمّيّةِ	대단히 중요한 사항 (제 1순위)

عَلَى جانِبٍ كَبيرٍ مِنَ الأَهَمِّيَّةِ	대단히 중요한 사항 (제 1순위)
في المَقَامِ الْأَوَّلِ	가장 중요한 사항 (제 1순위)
ذو / ذات الاِهْتِمامِ المُشْتَرَكِ	공동의 관심을 갖는
مُثيرٌ لِلْجَدَلِ	논란을 불러일으키는,
رَئيسيٌّ	주요한
شائِعٌ	(소문 등이) 퍼지는, 흔한
سائِدٌ	우세한, 지배적인, 주된
رائِجٌ	유행의, 유통되는, 널리 실시되고 있는
ساحِقٌ	압도적인, 극도의
مُتَوافِقٌ مَعَ	적합한, 조화하는, 부합하는, 호환되는
مُلائِمٌ	적절한
مُشابِهٌ	비슷한

9. 시간 표현

عَلَى المَدَى البَعيدِ	장기적으로
عَلَى المَدَى القَريبِ	단기적으로
أَسْرَع ما يُمْكِنُ	가능한 빨리
في أَسْرَع وَقْتٍ مُمْكِنٍ	가능한 빠른 시일 내에
سابقٌ	이전의, 과거의, 옛날의
ماضٍ / الماضي	지난
حاليٌّ	현재
جارٍ / الجارِي	현재, 지금의
راهِنٌ	현재, 지금의
مُقْبِلٌ	오는, 다가오는
قادِمٌ	오는, 다가오는
قائِمٌ	기존의, 현존의, 현행의, 지금의
أَخيرٌ	최근의, 마지막의
نِهائيٌّ	마지막의
وَشيكٌ	임박한
دائِمٌ	영원한
مُؤَقَّتٌ	일시적인
خَاطِفٌ	순간적인
عَلَى التَّوالي	계속해서
أَخِيرًا	최근에, 마침내
قَريبًا	곧
عَادَةً	보통
نَادِرًا	드문
كَثِيرًا	자주
أَحْيَانًا	가끔

فِي نَفْسِ الْوَقْتِ	같은 시간에, 동시에
فِي الْمُسْتَقْبَلِ الْقَرِيبِ	가까운 미래에
خِلاَلَ	~동안
أَثْنَاءَ	~동안
قَبْلَ	~전에
قُبَيْلَ	~직전에
بَعْدَ، عَقِبَ	~뒤에
بُعَيْدَ	~직후에
فِي أَعْقَابِ	~뒤이어(+연결형)
فِيمَا بَعْدُ	차후에
فَوْرَ	곧, 즉시
فِي هذِهِ الأَثْنَاءِ	그 동안에
بِتَوْقِيتِ جرينتش	그리니치 표준시 GMT (Greenwich Mean Time)로

참고 사이트

정치1: الأسد وأردوغان يبحثان أوضاع المنطقة باتصال هاتفي (2008.05.08)
http://www.aljazeera.net/news/arabic/

정치2: أولمرت ينفي تلقيه رشى ويتحدث عن تبرعات (2008.05.09)
http://www.aljazeera.net/news/international/

정치3: واشنطن تتسلم وثائق عن برنامج بيونغ يانغ النووي (2008.05.09)
http://www.aljazeera.net/

정치4: جولة جديدة من المفاوضات بين دلاي لاما وبكين رغم الخلافات (2008.05.09)
http://www.aljazeera.net/

정치5: الدول الكبرى تدعو إلى الهدوء بعد تجارب كوريا الشمالية (2009.07.04)
http://www.bbc.com/arabic/worldnews/

경제2: مجلس الاحتياطي الفدرالي يخفض نسبة الفائدة بنقطة واحدة (2007.09.17)
http://news.bbc.co.uk/

경제3: منتدى دافوس يختتم أعماله بالتشاؤم من الاقتصاد العالمي (2008.01.28)
http://www.siironline.org/alabwab

경제4: مصرف كوريا المركزي يرفع سعر الفائدة بربع نقطة مئوية (2007.07.05)
http://www.aljazeera.net/news/

증시1: تراجع الأسواق المالية العالمية يزيد الاكتتابات العامة في الخليج (2008.03.14)
http://www.qatarshares.com/vb/archive

증시2: أزمة أمريكية تعصف بالبورصات العالميّة (2008.01.22)
http://elaph.com/ElaphWeb/Economics/2008/1/298098.htm

FTA1: سيئول تواجه آثار اتفاقية للتجارة الحرة مع أمريكا (2007.06.28)
http://burathanews.com/news/22763.html

FTA2: كوريا الجنوبية والاتحاد الأوروبي يستهلان محادثات اتفاقية التجارة الحرة (2007.05.08)
http://arabic.people.com.cn/31663/5701638.html

환경1: أوروبا تدعو لحل أزمة الغذاء (2008.04.23)
http://news.bbc.co.uk/hi/arabic/news

정보통신1: ما الكمبيوتر؟ (2004.04.16)
http://www.manshor.net/forum

정보통신2: البرمجة (2004.04.16)
http://www.manshor.net/forum

정보통신3: تاريخ الإنترنت (2013.04.16)
http://www.djelfa.info

정보통신4: معلوماتك الشخصية وكلمات مرور منيعة (2014.02.18)
http://halsaeed.com/2014/02/18

노동1: إضرابات نقابات العمال في ألمانيا (2002.05.15)
http://news.bbc.co.uk/

노동2: ماليزيا تستعين بعمالة باكستانية لسد عجز الوظائف (2005.04.11)
http://www.alyaum.com/article/1262348

노동3: البطالة في العالم العربي.. أسباب وتحديات (2011.11.29)
http://www.startimes.com/?t=29653548

인권1: أوباما يؤكد عزمه إغلاق غوانتانامو (2009.05.21)
http://www.aljazeera.net/news/international/

인권2: بغداد تدعو الجوار لتخفيف معاناة لاجئيها وتدين إذلالهم (2007.07.26)
http://www.aljazeera.net/

한국소개2: حقائق عن كوريا
http://ency.kacemb.com

한국소개3: مدينة بوسان (2014.03.25)
http://world.kbs.co.kr/arabic

기관소개1: تقديم جامعة الدول العربية (2006.06.29)
http://www.al3ez.net/vb/printthread.php?t=10919

기관소개2: الأمم المتحدة (2012.05.05)
http://www.thaqafaonline.com

연설문4: كلمة خادم الحرمين الشريفين خلال مأدبة العشاء التي أقامها جلالة ملك مملكة إسبانيا (2007.06.18)
http://www.mofa.gov.sa/ServicesAndInformation/news

아랍어 통번역 입문편

초판 1쇄 발행 2016년 9월 13일
초판 2쇄 발행 2020년 3월 13일

지은이 이인섭 · 공지현 · 곽순례
김능우 · 김재희 · 이명원 · 장세원
발행인 김인철
총괄 · 기획 윤성우 Director, University Knowledge Press
편집장 신선호 Executive Knowledge Contents Creator
기획 · 물류 이현진 Planning Expert
사전 · 도서편집 정준희 Contents Creator
전자책 · 도서편집 장혜린 Contents Creator
도서편집 이병철 Contents Creator
이근영 Contents Creator
재무관리 하누리 Managing Creator
발행처 한국외국어대학교 지식출판콘텐츠원
02450 서울특별시 동대문구 이문로 107
전화 02)2173-2493~7
팩스 02)2173-3363
홈페이지 http://press.hufs.ac.kr
전자우편 press@hufs.ac.kr
출판등록 제6-6호(1969. 4. 30)
디자인 · 편집 (주)이환디앤비 02)2254-4301
인쇄 · 제본 네오프린텍 02)718-3111

ISBN 979-11-5901-096-5 13790 정가 23,000원

*잘못된 책은 교환하여 드립니다.

HU:NE은 한국외국어대학교 지식출판콘텐츠원의 어학도서, 사회과학도서, 지역학 도서 Sub Brand이다. 한국외대의 영문명인 HUFS, 현명한 국제전문가 양성(International +Intelligent)의 의미를 담고 있으며, 휴인(携引)의 뜻인 '이끌다, 끌고 나가다'라는 의미처럼 출판계를 이끄는 리더로서, 혁신의 이미지를 담고 있다.

이 책의 음원(mp3)은 한국외국어대학교 지식출판콘텐츠원 홈페이지(press.hufs.ac.kr) - 게시판 - 자료실에서 다운받아 사용하시기 바랍니다.